AF344126

V 2733.
16f.

T 3844.
14 B.c.

©

26927

LE
CUISINIER
DE TOUT LE MONDE,

OU LA

CUISINE SANS CUISINIER.

OFFICE. — CUISINE, — CAVE.

LE
CUISINIER
DE TOUT LE MONDE,

OU LA

CUISINE SANS CUISINIER,

PRÉCÉDÉ

De Notions sur le service ; — de Menus divers ;
— d'un Calendrier gastronomique perpétuel ;
— d'un Vocabulaire des termes et des ustensiles en usage pour la cuisine, l'office et la
cave ; — de l'Art de découper et de servir à
table, etc. ;

SUIVI

De l'Art de conserver les substances alimentaires ; — d'un
Traité des altérations et falsifications des substances solides et liquides employées dans l'économie domestique ;
— des Alimens dangereux et nuisibles ; — des Empoison-
nemens par les champignons, les moules, le vert-de-gris ;
— de l'Asphyxie par la vapeur du charbon, etc., etc. ;

PUBLIÉ

AVEC LE CONCOURS ET SOUS LA DIRECTION DES AUTEURS
DE l'*Encyclopédie des Connaissances utiles.*

BIBLIOTHÈQUE ROYALE

PARIS,

BUREAU DE L'ENCYCLOPÉDIE,
RUE DU CLOÎTRE-NOTRE-DAME, 8.

1835.

MENU POUR DOUZE COUVERTS.

PREMIER SERVICE.

(*Voyez* la planche ci-contre).

Deux potages.

Vermicelle au gras avec fromage râpé.	Potage aux croûtons.

Deux relevés.

Une pièce de bœuf.	Un turbot à la sauce blanche.

Quatre hors-d'œuvre froids.

Beurre en coquilles.	Radis.
Fruits marinés.	Canapé d'anchois.

Quatre entrées.

Poularde sauce aux truffes.	Vol-au-vent de gibier.
Riz de veau en fricandeau.	Filets de sole au gratin.

SECOND SERVICE.

Deux rôts.

Un gigot de mouton.	Un faisan entouré de mauviettes.

Deux salades.

Salade de romaine.	Salade de chicorée.

Quatre entremets.

Artichauts à la barigoule	Charlotte de pommes.
Cardons à la moelle.	Macaroni en timbale.

TROISIÈME SERVICE.

Quinze assiettes de dessert.

Fruits suivant la saison.—Fromage.—Mendians.
— Compotes. — Biscuits. — Confitures. —
Gelées. — Bonbons.

PREMIER SERVICE.

Vin d'ordinaire. — Un verre de Madère après
le potage.

Entre le premier et le second service.

Un verre d'absynthe, de rhum ou de punch
glacé.

SECOND SERVICE.

Vins d'entremets. — Beaune, Pomard, Vol-
ney, Clos-Vougeot, Chambertin, Romanée-
Conti, pour les vins de Bourgogne; Médoc,
Saint-Emilion, Château-Margaux, Lafitte,
Sauterne, pour les vins de Bordeaux.

TROISIÈME SERVICE.

Champagne mousseux, Malaga, Lunel, vins
d'Espagne, de Chypre, de Constance, etc.

Le menu qui précède sera varié, augmenté
ou diminué suivant le nombre des convives,
suivant la saison ou la dépense que l'on veut
faire.

NOTIONS

SUR LE SERVICE.

Je vis de bonne soupe et non de beau langage ;
Vaugelas n'apprend point à bien faire un potage,
Et Malherbe et Balsac, avec tous leurs grands mots,
En cuisine peut-être auraient été des sots.

MOLIÈRE. — *Les Femmes savantes.*

Ceci n'est ni une préface, ni une introduction, ni un avant-propos ; ce sera encore moins des prolégomènes, comme dit notre ami le savant ; c'est tout simplement un hors-d'œuvre, ou plutôt le verre d'absynthe préparatoire tombé seulement depuis une trentaine d'années dans le domaine des mœurs gourmandes, boisson admirable avec de l'eau, mais dont il ne faut point abuser parce qu'elle produit une action trop irritante sur les houpes intérieures de l'estomac. Un verre toujours, très-rarement deux, jamais trois.

L'épigraphe que nous avons empruntée au plus grand écrivain, au plus grand moraliste qu'ait enfanté le monde, donne mieux que nous ne le pourrions faire une idée symbolique mais exacte du but que nous nous sommes proposés en publiant ce petit livre ; notre théorie est simple et nous avons surtout cherché, par la clarté de nos définitions, à en rendre l'application facile et usuelle dans tous les ménages. Nous nous sommes abstenus de ces grands mots qui n'enseignent point à bien faire un potage, et nous avons voulu qu'après nous avoir étudié, personne ne pût être un sot en cuisine. Sous ce rapport, nous le disons à regret, la France est en arrière de presque tous les autres pays civilisés. Allez en Suisse, en Allemagne, en Hollande, en Angleterre, et vous verrez toutes les jeunes personnes appartenant aux familles les plus riches et les plus distinguées, initiées de bonne heure à quelques-uns des secrets de l'art culinaire. Et en effet n'est-ce pas une chose essentielle à une maîtresse de maison que de connaître les procédés employés pour la confection du dîner qu'elle a commandé ? Il en est de cela comme de l'officier qui ne peut non plus bien commander l'exercice, s'il n'a pas préalablement acquis les connaissances indispensables au soldat.

D'un autre côté, nous n'avons point eu la prétention de nous élancer dans les hauteurs de la cuisine transcendante ; notre cuisine à nous est bourgeoise comme notre gouvernement, et elle a de plus avec lui la ressemblance d'être essentiellement économique. Nous ne dirons pas tout à fait comme *l'Avare de Molière* qu'il faut faire bonne chère avec très-peu d'argent ; mais nous pensons que le problème à résoudre est d'atteindre ce but en en dépensant le moins possible, sans toutefois tomber dans la lésine, en achetant par exemple au rabais des objets d'une qualité inférieure. Tout ce qui est bon n'est jamais trop cher. Mais on peut, en bonne économie, ne point courir après les primeurs dont le goût n'a presque jamais atteint sa maturité, et vivre selon l'indice que donnent les saisons ; il faut enfin que la vanité demeure étrangère au service des tables dont nous aspirons à diriger l'ordonnance, et à cette occasion nous ne craindrons point de deviser ici par le menu.

D'abord, nous dirons à quiconque veut vivre bien, sainement et avec économie : Fuyez les restaurateurs. Chez un de ces habiles artistes omnibus, un dîner passable pour trois personnes vous coûtera autant et plus qu'un dîner meilleur donné chez vous et par vous à six personnes, et d'ailleurs vous perdez une desserte qui n'est jamais à dédaigner dans les ménages modestes ; et puis quelle différence dans la liberté dont on jouit à table, liberté si bonne, si douce à qui sait l'apprécier.

Il est encore un autre écueil que nous recommanderons d'éviter soigneusement, non point dans un esprit de parcimonie, mais pour nous soumettre aux lois du bon goût, lois que l'on doit observer en toutes choses : que votre dîner, sans doute, soit copieux et abondant, selon le nombre de vos convives, mais que votre table ne soit jamais trop chargée : une trop grande surabondance de mets fatigue l'appétit au lieu de l'irriter ; c'est là surtout qu'éclate le savoir-vivre, le tact, la délicatesse d'une maîtresse de maison. Songez aux trente-deux plats de dessert que Picard a si aimablement stigmatisés dans sa *Petite Ville*. Ensuite, il est évident qu'un prince ne doit pas apporter plus de discernement dans le choix de ses ministres qu'une maîtresse de maison dans le choix des personnes qu'elle réunit à sa table ; reine du lieu, seule elle est responsable de tout ce qui peut advenir, et il n'est point de festin dont la succulence, point de vins dont la finesse exquise

puissent dédommager d'un mauvais voisinage ou
des désagrémens qui résultent de la réunion de
gens qui ne sont point en harmonie les uns
avec les autres.

Ceci touche à la partie morale d'un dîner et
c'en est le point essentiel. Les réunions de famille seules peuvent être nombreuses ; quant à
vos amis, divisez-les par catégories ; invitez ensemble ceux qui ont de mutuelles sympathies ,
et n'oubliez jamais la belle sentence échappée
à M. de Chateaubriand et poétiquement ex-
primée dans ses *Martyrs* ; « Pour qu'un dîner
soit agréable, il faut être au moins le nombre
des Grâces, au plus le nombre des Muses. »

En effet, ce qui fait le plus grand charme
d'un dîner , c'est la généralité de la conversation , et la conversation ne saurait être géné-
rale quand on est à table plus de neuf ou dix.

Nous n'avons pas besoin de dire qu'il faut
calculer son monde de telle façon que chacun
ait assez de place à table, c'est une vérite devenue proverbiale. Mais il est un point sur lequel nous devons insister comme étant un des
plus essentiels à l'agrément d'un dîner ; c'est
ce qu'on appelle vulgairement le couvert , et
ce que nous nommerons nous la toilette de la
table : une femme n'y doit pas apporter moins
de coquetterie qu'à sa propre toilette à elle-
même. Il ne s'agit point d'avoir de fastueux
surtouts de Thomire ou de Ravrio ; mais rien
n'est plus gracieux qu'une corbeille de fleurs
naturelles dans la saison des fleurs ; que vos
cristaux soient simples, unis et brillans de propreté. Qu'il en soit de même pour votre porcelaine ; prenez-la blanche et unie pour qu'un
accident ne cause pas trop de peine à celui qui
aurait eu la maladresse de casser une assiette ;
que votre linge soit étincelant de blancheur ;

que vos couteaux coupent bien, car sans cela vous vous exposeriez à voir calomnier votre rôti que l'on jugerait dur même avant de l'avoir goûté; et que si enfin votre dépense est bornée à une somme déterminée, retranchez, s'il le faut, un plat et ajoutez deux bougies; la lumière est la vie d'un dîner. Ce sont des parties accessoires qui ne chargent point le budget d'une maison, qui n'exigent que des soins et de la prévoyance, et qui contribuent plus essentiellement à l'agrément d'un repas qu'un trop grand nombre de mets. Sur toutes choses ayez de bon vin d'ordinaire, car à cette condition vous pouvez, sans inconvénient, ne point changer de vin; cependant il est bien d'en offrir de deux autres espèces, l'une à l'entremets, l'autre au dessert. Mais, nous le répétons, aucun vin fin, arrivant dans le cours d'un dîner, n'est capable de consoler un estomac délicat des premières atteintes d'un vin frelaté.

Nous terminerons ces conseils consciencieux par une recommandation que nous imposerons impérieusement à tout le monde, aux plus modestes ménages comme à ceux qui jouissent d'une grande aisance : *Point de dîner sans café!* Le café est à un dîner ce qu'est le dénoûment à un drame; il sauve les vices de la pièce si le succès en a été douteux, ou il en couronne dignement la réussite.

La saison dans laquelle nous publions notre ouvrage nous suggère une réflexion qui ne paraîtra peut-être pas déplacée ici; elle se rapporte au progrès prodigieux d'un art auquel l'art de la cuisine doit tant : c'est l'art du jardinier. Malgré notre antipathie pour les primeurs, c'est une justice que nous nous plaisons à rendre à notre époque. Dès les derniers jours du ca-

rème, on colportait des asperges dans Paris;
bien plus! les petits pois étaient déjà sortis si
nombreux de leurs cosses, qu'on les voyait à
l'attrayant étalage de presque tous les restaurateurs; le prix en était modique par conséquent.
Maintenant comparez les temps. Autrefois on
regardait comme un phénomène potager le
plat de petit pois qu'il était d'étiquette de servir
au roi de France le Vendredi-Saint, et qu'il
était dans l'usage de payer vingt-cinq louis.
Après un pareil exemple, qui oserait encore
dire du mal de notre révolution.

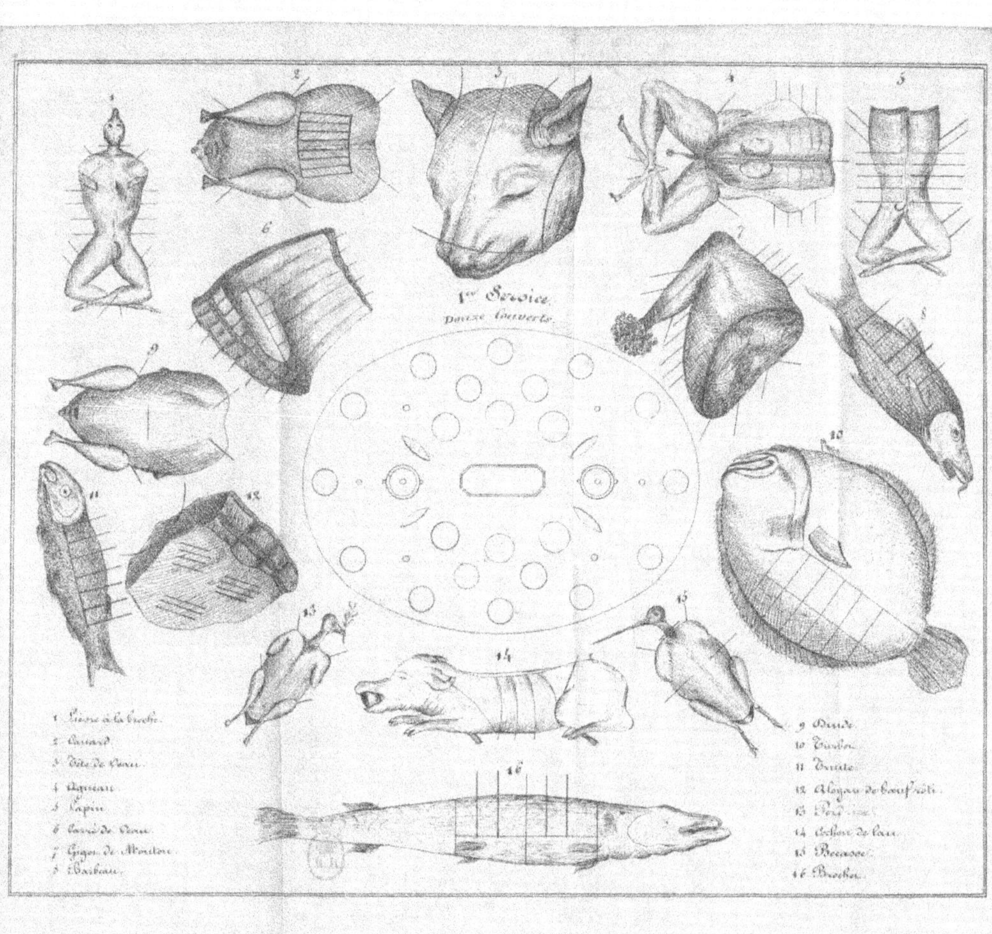

1er Service.
Douze Couverts.
1 Lièvre à la broche.
2 Canard.
3 Tête de Veau.
4 Agneau.
5 Lapin.
6 Carré de Veau.
7 Gigot de Mouton.
8 Barbeau.
9 Dinde.
10 Turbot.
11 Truite.
12 Aloyau de bœuf rôti.
13 Poularde.
14 Cochon de lait.
15 Bécasse.
16 Brochet.

CALENDRIER

GASTRONOMIQUE

PERPÉTUEL.

1

Nous avons pensé qu'au point où est parvenue aujourd'hui la science culinaire, il devenait indispensable de dresser un Calendrier gastronomique perpétuel, où les productions, les singularités, les coutumes, les avantages de chaque mois fussent notés, classés, indiqués d'une manière positive et mathématique. La connaissance parfaite de notre Calendrier est une étude élémentaire à laquelle chacun devra se soumettre avant de tenter la carrière du bien vivre : là, en effet, rien n'est donné au hasard ; l'expérience et la vérité offrent seules leurs leçons utiles, et nous pensons qu'après avoir médité ce Calendrier, bien autrement authentique que ceux de Nostradamus ou du Bureau des Longitudes, nos lecteurs répèteront avec le Chansonnier :

> Vaut mieux être ici-bas
> Gastronome
> Qu'astronome.

JANVIER.

Des douze mois de l'année, le premier est le plus favorable à la gourmandise. C'est le moment des souhaits réciproques, des étrennes, des réconciliations, des repas de famille. Le jour des Rois vient l'embellir de l'éclat de ses grands dîners. La fève adroitement placée fait échoir le sceptre au riche convive, qui se transforme bientôt en généreux amphitryon. La royauté sert de prétexte à de nouveaux festins, et pour que tout le monde participe aux plaisirs nutritifs de janvier, saint Charlemagne traite les écoliers, et saint Pierre ne se sert de ses clés, le jour de sa fête, que pour ouvrir les deux battans de la salle à manger, chez tous les gens vraiment dignes de son patronage.

La prévoyante nature a voulu doter en enfant gâté ce mois chéri du gourmand ; elle a rendu à la fois les trésors de la boucherie, les richesses des forêts, les mines fécondes des potagers, tributaires du cuisinier habile. C'est en janvier que le bœuf, le veau, le mouton, émigrés du Cotentin, de Pontoise, des Ardennes, arrivent à Paris, mortifiés et succulens. Le sanglier, le chevreuil, le lièvre, le faisan, le pluvier, le coq de bruyère, la sarcelle, la perdrix, l'oie sauvage, le canard, la bécasse, la bartavelle, la gelinotte, le guignard, le rouge-gorge, l'alouette, se donnent alors rendez-vous à la Vallée, et ne revoient le bois qu'en tournant de compagnie à la broche. Les choux-fleurs, les cardons, le céleri sont brillans de saveur et de suc, et la truffe est à l'apogée de sa gloire.

La sécheresse de l'atmosphère, la vivacité piquante de l'air, disposent d'ailleurs heureusement le gastronome à profiter des richesses que la nature étale autour de lui; c'est en janvier surtout que l'on ressent de ces appétits robustes qui donnent si beau jeu au cuisinier.

Alors un maître de maison, jaloux de son honneur, ne peut se dispenser de recevoir et de bien traiter ses amis. C'est le seul mois de l'année peut-être où un repas s'accepte de confiance; et si un mauvais dîner prié est en tout temps une mortelle injure, en janvier c'est un guet-apens.

Nombre d'honorables personnes sont fort embarrassées dans le choix de leurs présens de bonne année. Les enfans et les jeunes femmes croquent seuls des dragées. Il faut une liaison bien étroite ou une grande familiarité pour autoriser les cadeaux de quelque valeur intrinsèque. Dans le doute où l'on flotte, nous recommandons une méthode qui nous a toujours réussi. Il est de ces cadeaux sans conséquence, mais non sans prix, qui ne se refusent pas, qui plaisent et inspirent l'estime : ce sont les comestibles. On n'oublie pas aisément l'ami, le solliciteur, le protégé qui a fait déguster un pâté aromatisé, une délicate poularde, un vin généreux, une liqueur onctueuse. La gratitude et la digestion se combinent, le nom du donateur se rattache à l'objet donné. L'estomac aussi a sa mémoire, et le système mnémotechnique dont nous proposons ici l'adoption est à la fois aimable et infaillible.

FÉVRIER.

Du premier au second mois, la transition est insensible. Même luxe, même richesse dans les productions, même ardeur, même appétit chez les convives. Toutefois, si l'on peut dire que janvier est l'époque de jubilation des estomacs, il faut avouer que février en est le véritable temps critique. Jamais ils n'ont de plus rudes assauts à soutenir, un plus grand nombre d'indigestions à affronter.

Au carnaval, le cuisinier triomphe. Les batteries étincelantes, le feu bien nourri des fourneaux, mettent la sobriété aux abois; l'abstinence bat la chamade. Alors, comme Charles XII, un chef habile doit rester cinquante jours la casaque sur le corps et les armes à la main. Les viveurs s'en donnent à cœur-joie; ils ont devant eux l'effrayante perspective des expiations du carême.

Comme la religion, la morale et la politique s'unissent et s'accordent pour favoriser la gourmandise! Février est un mois riche, abondant, pluvieux. La bonne chère et le plaisir profitent de ses avantages et de ses désagrémens. On tolère quelques excès. La table et la danse narguent sans contrainte le mauvais temps et la longueur des soirées.

Comme en janvier, le bœuf est gras, le veau blanc, le mouton plein de suc. Le gibier, quoique un peu plus rare, n'a rien perdu de son parfum; la basse-cour s'ouvre toute fière, pour prodiguer ses richesses; la volaille est parvenue à son véritable point; le poulet, la poularde, le canard, les pigeons, l'oie, appellent à grands cris la broche et la casserole. Admirons ici la sagesse du législateur! il place en février les jours gras, et réserve le carême pour le pauvre mois de mars.

C'est une bonne et philantropique invention que celle du carnaval. Durant ces petites saturnales du catholicisme, il y a part pour tous les goûts à la vaste coupe du plaisir. La jeunesse danse et folâtre ; les grand'mamans jouent, et, comme des gourmandes qu'elle sont, font main-basse sur les glaces, les conserves et les pâtisseries mignonnes; les tapageurs passent la nuit à courir les rues ; les gastronomes se délectent dans ces longs soupers que la parcimonie voudrait en vain faire passer de mode. Dans le carnaval, en effet, un bal sans souper est un violon sans cordes. Les maîtres de maison bien appris aiment mieux recevoir leurs amis moins souvent, et les traiter d'une façon convenable.

Le véritable héros de février, c'est le cochon. Dans les jours de carnaval, il se déguise aussi de cent manières; mais sous ses aimables travestissemens, son mérite le trahit toujours. En vain il revêt tour à tour le froc rembruni du boudin, la robe blanche de l'andouille, le justaucorps du cervelas, la rézille de la saucisse ; il n'échappe ni à l'œil ni à la dent du gastronome, qui le fête avec d'autant plus d'ardeur, qu'il est à la veille de se voir, jusqu'à Pâques, séparé de cet ami si solide et si tendre.

MARS.

C'était un homme de sens que ce législateur qui a institué le carême. En même temps qu'il le plaçait aux premiers jours où le printemps ravive la nature et fait circuler la santé, la verve, l'amour, dans tous les êtres animés, il a frappé les esprits d'une crainte salutaire, et fait de l'abstinence un devoir religieux; il commande ainsi à l'homme le repos nécessaire au moment d'une révolution de saison, et assure la reproduction des animaux, dont d'ailleurs la chair en mars est peu savoureuse.

Répétons donc avec le docteur Pangloss: « Tout est pour le mieux dans le meilleur des mondes possible. » Comme ce bon capucin qui bénissait la Providence du soin qu'elle prend de faire passer dans chaque grande ville une rivière navigable, faisons remarquer que de tous les mois de l'année, mars est le plus abondant en poisson. C'est la saison où la marée est dans toute sa gloire. La halle alors présente l'aspect de la pêche miraculeuse. L'esturgeon, le saumon, le cabillaud, le barbot, le turbot, les soles, l'éperlan, les carlets, les limandes, les vives, les homards, les truites saumonées, les merlans, le brochet, la carpe, l'anguille, la perche, la lotte, le goujon, l'écrevisse, jonchent les étalages, et l'œil du gourmand se promène, ravi, sur cette assemblée étincelante des députés de la mer et des fleuves.

Le cuisinier, au carême, voit encore s'accroître les difficultés de son art. Mars est la pierre de touche du talent; c'est sur la marée que doivent se déployer toutes les ressources de la science. Il faut être un artiste supérieur, un génie profond, pour composer un bon dîner en maigre. Ce n'est pas chose facile que de tirer des racines un jus apéritif et vigoureux, et de stimuler l'appétit, de piquer la sensualité, privé de toutes les ressources des jus, des coulis et des glaces. Si jamais (et nous tremblons seulement d'y penser !) le mandement annuel qui permet de manger des œufs pendant le carême éprouve dans sa promulgation un retard de vingt-quatre heures, la cuisine est déshonorée, et l'on doit redouter pour plus d'un artiste le destin de Vatel.

C'est au mois de mars seulement que les huîtres retrouvent toutes leurs savoureuses qualités; avec elles renaissent les sémillans déjeûners. Les parties d'excursion commencent aussi à s'organiser. On rend surtout de nombreuses visites aux excellentes matelotes de Bercy, de la Rapée ; on gravit la rue de Clichy pour aller manger à la barrière des Batignoles de délicieuses fritures, chez ce brave père Latuille, qui, en 1814. ouvrit si généreusement ses caves aux défenseurs de Paris ; et ces innocens plaisirs font patiemment attendre des jours plus heureux et plus longs.

AVRIL.

L'estomac du gourmand , affadi de légumes et de marée , a cru assister à un troisième service pendant cinquante jours : dans sa rancune, il baptise toutes les mauvaises plaisanteries du nom de *Poisson d'avril*, et c'est avec une tendre joie qu'il voit arriver enfin le jour pascal. C'est alors que triomphent à la fois le jambon et l'agneau. Celui-ci, personnage assez fade, espèce de transition du maigre au gras, a usurpé plutôt que conquis une place très-distinguée parmi les rôtis. Le véritable gourmand a peu d'estime pour sa personne. La blancheur rosée de son teint , sa douceur , son innocence et sa tendreté timide, ont beau plaider pour lui , ce n'est pas sans peine qu'elles parviennent à faire trouver grâce pour son insipidité.

Le jambon se présente avec une tout autre assurance. Qu'il soit natif de la sémillante Bayonne ou du lourd pays mayençais , il se distingue par des qualités également solides. C'est à Pâques qu'il est dans toute sa bonté : nul relevé de rôti ne peut alors lui être comparé , et son mérite est tellement apprécié, qu'on le présente avec un égal honneur à déjeûner et à diner. Sa chair est nourrissante, délicate, substantielle et d'une facile digestion, surtout lorsque, pour ne pas trop le dépayser , on lui donne pour compagnie à table un vieux vin son compatriote. Le vin du Rhin est ainsi le Pylade du jambon de Mayence , et le pique-pouille devient l'accompagnement obligé du jambon de Bayonne.

Avril est un mois tout d'espérance ; il nous montre le plaisir en perspective ; ses premiers

rayons de soleil donnent des feuilles à la vigne,
couvrent de fleurs le prunier, le cerisier, ra-
mènent dans nos heureux climats le becfigue
savoureux, l'harmonieuse fauvette, et inspirent
des chants nouveaux au poétique rossignol.
Mais c'est des jours qui terminent ce joli mois
que l'on peut surtout dire : Aux derniers les
bons. Ils nous font en effet renouveler connaissance avec d'adorables amis. La gracieuse asperge paraît svelte et fraîche sur nos tables ; la
jeune romaine nous ouvre son tendre cœur ;
les petits pois, les maquereaux se montrent sur
l'horizon. Par une heureuse harmonie, les in-
fluences du printemps donnent de la vivacité
aux muscles, de la souplesse au coude, de la lé-
gèreté à l'esprit, de la vigueur à l'estomac. La
violette embaume l'atmosphère ; on se trouve
heureux de vivre ; cet accord de bonnes dispo-
sitions tourne à l'avantage des plaisirs de la table,
et par contre-coup au profit de leur frère, le
plaisir de l'amour.

MAI.

La mélomanie s'empare au mois de mai de toutes les revendeuses de Paris : elles deviennent dilettante, et l'on entend répéter sur tous les tons les deux chansons de circonstance : *Pois ramés, pois écossés ! — Il arrive, il arrive le maquereau !* Chacun répond à cet appel. Aimables, accessibles, brillans, l'un et l'autre en effet sont à la portée de toutes les bourses. La simple ménagère comme le cuisinier émérite vantent les solides qualités du maquereau et l'inépuisable complaisance des petits pois.

Quels titres n'a-t-il pas à notre reconnaissance, cet aimable légume, ce prince des entremets, qui se plie à tous nos caprices ! Pour nous plaire, il se marie indifféremment avec les viandes ou la volaille, se prête à toute espèce de préparation : c'est la perle des légumes, il joue avec un égal succès tous les rôles.

Mais c'est avec le pigeonneau que le petit pois contracte l'union la plus heureuse. Peu d'entrées peuvent être comparées à celle-ci, et le pigeonneau le sait si bien, qu'il attend juste le retour du petit pois pour être dans toute sa bonté. Coquetterie bien innocente, que l'on pardonne aisément à l'héritier présomptif de l'oiseau de Vénus !

Le mois de mai, peu riche par lui-même, a recours à l'obligeance des marchands de comestibles, dont les magasins, à cette époque, présentent le spectacle le plus touchant. Dans le précieux grenier d'abondance de la jolie ma-

dame Chevet *, la terrine de Nérac , la hure de
Troyes , les édifices dorés de Chartres et de Pé-
rigueux , la truffe embaumée , les produits nutritifs de la France entière sollicitent les cinq
sens de la manière la plus aimable , et les pro-
voquent par les plus irrésistibles appas.

Le mois de mai a d'autres droits encore à
l'affection du gastronome ; il éclaire le retour de
deux délicieux volatiles , la bécasse et le râle de
genêt.

C'est le moment de l'année où le laitage contient le plus de principes sucrés et savoureux ;
le *dandy* , à cette époque, doit se mettre aux
rafraîchissemens ; cette mode offre d'ailleurs de
positifs avantages , et plus d'une belle dame doit
l'éclat sans charlatanisme et la fraîcheur appé-
tissante de son teint à la salutaire habitude de
prendre chaque matin une tasse de lait, au moment où les herbages possèdent toute leur généreuse vigueur.

Ainsi, le mois chéri des amoureux ne l'est
pas moins des gourmands ; il offre aux uns son
bouquet de roses embaumées , et il présente
aux autres une large corbeille non moins odorante et plus savoureuse.

* M. Chevet est le meilleur marchand de comestibles de
Paris ; on est certain chez lui d'avoir toute espèce de denrée
nutritive de la première main. C'est là que s'approvisionnent
presque tous les restaurateurs et les grandes maisons de la
capitale.

JUIN.

Un amphitryon se voit, au mois de juin, presque forcé de mettre ses convives au vert, car la nature a l'air de faire son carême, et les légumes seuls sont abondans et irréprochables.

La viande de boucherie paraît cependant encore avec quelque honneur. Le mouton et le veau ont cessé d'être nourris au sec, et leur chair s'en ressent; mais le bœuf est loin de se montrer tel qu'il sera à la fin de l'automne; le gibier est en fuite; un seul ami vient, dans son affliction, consoler le gastronome : c'est le dindonneau.

Aimable adolescent, il s'avance pour offrir avec candeur sa tête innocente. Il est jeune et superbe, et dans cet âge heureux où sa chair, sans avoir la fadeur du poulet, n'a pas encore acquis cette saveur qui plus tard fera nos délices. Il faut en vérité que juin ait affamé la gourmandise, pour qu'elle se résolve à manger son bien en herbe, et à dépeupler une basse-cour sur laquelle reposent de si douces espérances. Mais calcule-t-on avec l'appétit? Nouvel Ugolin, le gourmand met le dindonneau à la broche et s'en torche les barbes.

Cependant le dévoûment du dindonneau est imité, surpassé peut-être. Le coq-vierge ambitionne aussi l'honneur de mourir pour accroître nos jouissances. Rôti superbe et régénérateur, tu apparais trop rarement sur nos tables! Faut-il s'en étonner? un coq-vierge est difficile à trouver autant qu'une rosière.

Les fruits rouges sont alors le plus bel ornement de nos desserts : la cerise brillante, l'odorante fraise, s'élèvent, rivales, en élégantes pyramides. Le prévoyant gourmet suit alors avec anxiété les progrès de la floraison de la vigne, qui vient nous annoncer les destinées futures de nos celliers.

Le poisson est devenu fort rare. La morue fraîche et la raie osent presque seules quitter les côtes, et affronter les fatigues d'un long voyage. Parmi les habitans de nos limpides rivières, il ne reste que la carpe, la truite et la perche qui se laissent manger.

Les légumes se disputent donc presque seuls l'honneur de paraître. Les haricots verts ont des droits incontestés à la première place ; les concombres les escortent ordinairement ; les petites fèves de marais sont admises *in naturalibus*, et les choux-fleurs montrent déjà le bout de leur nez saupoudré de parmesan. C'est la saison où le jardinier a ses grandes entrées à la cuisine.

JUILLET.

La nature se pare en été de tout son luxe, le potager regorge de richesses ; mais la basse-cour, les plaines, les forêts, présentent à l'œil attristé du gourmand une effrayante stérilité. Il n'y a plus de repas complet possible, car les légumes et les fruits, excellente chose sans contredit, n'ont qu'un mérite relatif, en quelque sorte complémentaire ; et si le dîner peut être comparé à une représentation théâtrale, la dernière partie de ce sublime spectacle ne plaît que comme petite pièce après une substantielle tragédie où le sang a coulé.

C'est en juillet surtout que l'on doit apprécier l'importance des découvertes du génie culinaire. La viande de boucherie, sans les ressources de la science, présenterait bien peu d'appas ; mais, préparée par un artiste habile, elle plaît encore, comme ces coquettes fardées, dont l'éclat des bougies dissimule l'artifice.

Le lait encore sur les lèvres, le veau de Pontoise a cependant déjà acquis un certain mérite. Il peut, quoique bien jeune encore, risquer son entrée dans le monde.

On voit alors paraître sur un lit de feuilles de vigne les premiers abricots ; les melons et les cerneaux sont aussi dans leur primeur.

Quelques gourmands notables, en dépit de la parcimonie de juillet, à qui l'on devrait garder rancune, attendent son retour avec impatience. Il ramène avec lui, il est vrai, une de nos plus chères amies, l'aimable et lascive caille. Nul rôti n'est plus recherché dans cette saison, aucun en effet ne mérite de l'être davantage. La caille est la personne du monde la

plus délicate et la plus volage; comme l'occasion, il faut la saisir au passage : les plaisirs
qu'elle procure sont bien vifs, mais trop courts.
Dès le mois de septembre, ce délicieux volatile
quitte nos climats, et saluant de ses adieux nos
vignobles vendangés, va porter ses charmes et
sa graisse sur des bords plus heureux.

Amphitryons, jetez-vous donc à corps perdu
sur les cailles, et si les beaux jours ne vous ont
pas fait quitter votre maison de ville, redoublez
de soins et de scrupules dans la composition de
vos menus. Un bon dîner, en juillet, peut faire
la réputation d'un homme et le mener à tout.
Il prouve en effet du savoir, de la sagesse, de
la méthode, de l'invention : en faut-il tant
pour être député, académicien ou ministre ?

AOUT.

Je m'étonne qu'Auguste et Jules-César, qui passent pour avoir été gourmands et hommes de sens, aient consenti à servir de parrains aux deux plus méchans mois de l'année. Qu'a de commun en effet la saison des lapereaux, des cochons de lait, des levrauts et des perdreaux avec les protecteurs de Virgile et d'Horace, avec le vainqueur de l'Espagne et des Gaules? Quelqu'honnête membre de l'académie des inscriptions ne prendra-t-il pas un jour le soin de nous expliquer cette anomalie? Tandis qu'on attend cette intéressante dissertation, toutes les marmites honorables sont renversées au mois d'août : c'est un *sauve qui peut* général, et chacun se réfugie dans sa maison des champs.

Alors commence une dépopulation complète; c'est un vrai massacre des Innocens. On met à mort une génération entière, espoir des plaines, des forêts, et par contre-coup de nos tables. De tous côtés les aboiemens des chiens, les détonations, les fusillades retentissent. Barbares! arrêtez! ce lapereau, si fade aujourd'hui, sera lapin dans un mois; ce levraut que vous mangez sans plaisir, fortifiera pour vous sa chair généreuse! Ils ne m'entendent pas, ou, comme Louis XV, ils répondent : Ça durera toujours autant que moi! Mais vos fils dîneront-ils sans gibier?

Jusqu'où l'homme ne pousse-t-il pas la barbarie? Le cochon de lait, ce gracieux et timide animal, n'est pas même épargné! L'homme lève sur lui le fer!.... Cruel! que répondras-tu à son intéressante mère, lorsqu'elle t'accusera de ses cris? Mais, aveugle que tu es, ton intérêt

même ne te sollicite-t-il pas en faveur de l'innocence? Ce cochon de lait que tu fais servir sur
ta table, paré de son étincelant brocard d'or, il
serait devenu cochon, il t'aurait donné deux
jambons, une hure, des oreilles, des pieds, du
lard, du petit salé, une langue! N'as-tu donc
jamais médité le bon La Fontaine? Relis la
Poule aux œufs d'or.

Le mois d'août voit mûrir enfin pour le gourmand, et c'est la seule fiche de consolation qu'il
lui donne, ces fruits, dont les rayons ardens du
soleil caniculaire ont développé les sucs savoureux. La figue alors paraît à la fois avec les hors-
d'œuvre et le dessert; la pêche appelle les lèvres
sur ses jolies joues fraîches, veloutées et arron-
dies; le melon cantaloup embaume la salle à
manger de son parfum onctueux. On voit la
vendange en perspective; les feuilles jaunissan-
tes promettent le retour de ces plaisirs substan-
tiels qu'appellent nos vœux ardens, et que l'automne et l'hiver peuvent seuls dispenser.

SEPTEMBRE.

Le mois des vendanges ramène avec lui les vents plus frais, la gaîté et le gibier. Celui-ci, qui commence seulement à paraître, est loin d'avoir acquis ce degré de succulence qui fera plus tard préférer son parfum à celui de la rose; mais enfin il est présentable, et l'on éprouve, en renouvelant connaissance avec lui, un plaisir d'autant plus vif, que depuis long-temps on l'avait perdu de vue.

La bécassine revient en septembre visiter nos climats; on l'accueille dès le débotté à coups de fusil; et bien qu'elle soit loin de posséder le délicieux fumet, les principes de succulence et de volatilité qui font de la bécasse le plus distingué des rôtis, elle fait son entrée sur nos tables au milieu des transports de joie, et l'on s'empresse de lui rendre ces honneurs qu'elle partage avec le seul grand lama.

De leur côté, les grives, dont le raisin est le père nourricier, sont parvenues à leur plus haut degré de perfection. Comme tous les ivrognes, ce gibier est plein de qualités et de délicatesse.

Les marrons fournissent en septembre quelques ressources pour la cuisine; les artichauts, qui savent se prêter aux caprices de l'artiste, lui rendent d'assez notables services; ils figurent comme hors-d'œuvre, ornent les entrées, et brillent à l'entremets.

Les fruits de toute espèce sont très-abondans, et, sans parler du chasselas, que le gourmand attaque rarement, parce qu'il n'a pas l'habitude de prendre son vin en pilules, les poires de Messire-Jean, de Saint-Germain et de Cresane, mûrisssent en septembre, et offrent d'agréables distractions que l'on accepte sans s'engager à rien. Il est assez doux, en effet, de se rafraîchir la bouche en mordant un fruit ; c'est un cure-dent naturel à la fois et digestif.

D'honorables amphitryons commencent dès cette époque à couvrir leurs tables d'assiétées d'huîtres. Les gens qui regardent encore les proverbes comme la sagesse des nations, en mangent, confians qu'ils sont dans la dix-huitième lettre de l'alphabet. En dépit cependant de tous les R du monde, les huîtres ne sont encore ni assez fraîches ni assez grasses pour exciter le désir du gourmand et piquer sa sensualité. La patience est une vertu d'une exécution difficile, mais d'une application sûre ; et celui qui attend les derniers jours de novembre pour se ruer sur ce testacé délicieux, fait preuve à la fois d'esprit et de sagesse.

OCTOBRE.

Un amphitryon qui se respecte, doit, en octobre, dire adieu à la campagne, et rouvrir les
deux battans de la salle à manger. Les légumes,
le fruit, la volaille, le gibier, permettent enfin
des jouissances sans restriction; chaque matin
la Halle et la Vallée se garnissent de marchands
et d'acheteurs; il ne faut plus que de l'argent et
de l'appétit pour faire bonne chère. Les poulets
de grain sont gras comme des députés du centre; l'Abailard de nos basses-cours présente au
feu sa croupe arrondie; le lièvre et le dindon
atteignent l'âge viril. Le cuisinier aiguise ses couteaux, il sent rallumer son ardeur et ses fourneaux. C'est l'époque de l'ouverture des chasses:
le lapin timide, le bruyant faisan, la tortueuse
perdrix, ont recours à mille ruses pour se sous-
traire à l'impitoyable chasseur; et tandis que de
bien chers amis, tels que la caille, le becfigue,
le râle de genêt, nous quittent, nous voyons le
langoureux ramier, la voyageuse bécasse et le
canard aventureux arriver du bout du monde
pour provoquer nos coups et notre appétit.

La viande de boucherie commence aussi à
s'humaniser. Le bœuf a acquis une rotondité
respectable; le mouton et le veau ne redoutent
plus une consciencieuse appréciation. La marée,
de son côté, se rassure de l'effroi que lui causait
la chaleur; le pudibond merlan ose risquer son
début, et obtient un succès honorable et encou-
rageant.

La Normandie fait ses vendanges à coups de
bâton; la reinette, devenue traitable, enjolive
et varie nos entremets sous mille aspects réjouis-
sans.

On commence à dîner à la lumière, partant on dîne mieux, plus longuement, avec plus de plaisir et de gaîté. Octobre est une transition insensible entre les jouissances solides de l'hiver et les plaisirs innocens du frugal été. C'est le moment où le maître de maison renouvelle connaissance avec l'élite de ses convives; et si les rassemblemens nutritifs sont moins fréquens et moins nombreux que dans les mois suivans, ils sont en revanche plus choisis et plus fêtés.

NOVEMBRE.

Voici venir le mois des dindons et de saint Martin. Nous ignorons si le célèbre évêque de Tours était de son vivant un mangeur distingué; mais du moins savons-nous pertinemment que l'anniversaire de sa mort est la cause, l'origine et le témoin d'une incommensurable quantité d'indigestions. Depuis le jésuite jusqu'au danseur, depuis le libraire jusqu'au garde-des-sceaux, tout le monde fait, le 11 novembre, ses dévotions à saint Martin, et l'honnête patron de la gourmandise coûte chaque année la vie à plus d'un million de dindes. Son culte est tellement aimable et facile, que les sectaires de toute espèce lui offrent un holocauste emplumé; les philosophes eux-mêmes ne croient s'engager à rien en se mettant un dindon sur la conscience en ce jour solennel, et la Providence, par un bienfait dont toute notre gratitude doit être le prix, a la précaution de rendre le dindon meilleur à ce moment qu'à toute autre époque de l'année.

Nous ne saurions ici recommander trop de vigilance aux amphitryons. A la Saint-Martin, il faut se tenir sur ses gardes, avoir l'odorat fin, l'œil sûr, le doigt net. Les marchandes de la Vallée sont si traîtresses! et puis, tout Paris s'est donné rendez-vous à ce Longchamps d'une espèce plus aimable, mais non moins décevante.

Le mois de novembre voit arriver les premiers harengs frais. Ce délicieux poisson, comme tout ce que la mode ou la rareté ne recommandent pas, est loin d'être apprécié à sa juste valeur. Doué des qualités les plus précieuses, de la modestie la plus édifiante, le hareng ne fait

pas parler de lui. Comme la violette il se cache,
et n'est trahi que par son parfum ; aussi l'acca-
ble-t-on de dédains, partage ordinaire du mérite
sans prôneurs.

Les canards et les oies sauvages passent du
nord au midi : quelques plombs heureux font
descendre trop rarement ces aimables voyageurs
sur nos tables, où leur fumet mérite l'accueil le
plus distingué.

Quelques réunions sans prétentions, quelques raoûts clair-semés, annoncent décidément
le retour de l'hiver. Les gens bien pensans ne
rassemblent plus dès lors leurs amis sans garnir
le buffet de quelque pièce froide ; le thé, le ni-
gus, le punch, activent habilement la digestion :
il est nécessaire de combler avec des matériaux
plus solides que de jolies pâtisseries, les brèches
profondes que ces spiritueux à la mode font aux
estomacs vigoureux.

DÉCEMBRE.

En décembre les jours sont bas, les soirées longues, et la table peut seule établir un juste équilibre et interrompre cette cruelle disproportion. Ce mois est d'ailleurs un des plus favorables aux plaisirs de la bonne chère. La viande de boucherie, le gibier, la volaille, les légumes, les conserves, sont excellens dans cette saison. Deux délicieux volatiles, le pluvier doré et le vanneau, viennent nous visiter, pleins de suc et de saveur. Le cuisinier jouit de tous ses moyens, et décembre est le pont—aux-ânes des fourneaux.

Mais il est un jour solennel, jour de gala, qui ne revient qu'une fois chaque année, où l'amphitryon doit se distinguer, et qu'on ne peut sans crime laisser passer en conversation : ce jour brillant, c'est la nuit de Noël.

Le repas que l'on fait après la messe de minuit a cela de particulier et même d'unique, que ce n'est ni un dejeûner, ni un dîner, ni un goûter, ni un souper, ni une halte : c'est un réveillon, ce mot dit tout, et la France entière est à table le 25 décembre entre deux et six heures du matin.

Les rues de Paris offrent la veille et la nuit de Noël le spectacle le plus appétissant : les boutiques des charcutiers sont éclairées comme des salles de bal, les restaurateurs reçoivent compagnie, les rôtisseurs ne savent à qui répondre : tous les gens de bouche sont sur pied.

Un réveillon somptueux n'est pas une petite affaire ; et bien que maître pourceau en fasse en grande partie les honneurs, un cuisinier habile doit s'y prendre plus d'un jour à l'avance pour ne pas rester au-dessous de la circonstance. Le gril, la broche, les fourneaux suffisent à peine: l'armée culinaire est en bataille; le cochon donne de sa personne, et l'avant-garde des rôtisseurs, des pâtissiers, des officiers, essuie un feu d'enfer pendant vingt-quatre heures.

La fête de Noël est donc à la fois celle des traiteurs, des charcutiers, des marchands, des amphitryons, et surtout des convives. Elle vient clore l'année d'une façon brillante : c'est le bouquet, la girandole des douze mois gastronomiques.

VOCABULAIRE

DES TERMES ET USTENSILES

EN USAGE

POUR LA CUISINE, L'OFFICE ET LA CAVE.

A

ABAISSE (*term. d'off.*), pâte mise à part pour former des articles de pâtisserie dite *pâtisserie d'office.*

AIGUILLE-*à-brider* (*ust. de cuis.*), grosse aiguille dans laquelle on passe une ficelle fine, mais solide, et avec laquelle on *trousse* les viandes, la volaille et le gibier, avant de les faire cuire.

ASSIETTE [une] (*term. de cuis. et d'off.*), s'entend : 1º en termes de cuisine pour désigner les *petites entrées* ou *hors-d'œuvre*, dont la quantité ne doit pas excéder ce que peut contenir une assiette de grandeur ordinaire ; comme *petites andouillettes de Troyes*, *pieds de cochon à la Sainte-Méné-hould*, etc., et autres menues cochonailles (*voyez* ces articles) ; 2º en termes d'office, cette qualification indique les fruits frais, crus et secs, tels que *raisin*, *figues*, *poires tapées*, etc. ; les différentes sortes de fromages ; les *marrons*, les *biscuits* (*voyez* ces articles). On dit : *faire une assiette de cochonaille, de fruit, de sec, de pâtisserie.*

ATRE (*term. de cuis. et d'off.*), c'est le bas d'une cheminée, les bords d'un fourneau. On dit, en termes de pâtisserie : *ce four n'a pas d'âtre*, c'est-à-dire que la pâtisserie qu'on y mettrait courrait le risque de n'être cuite ni sur les bords ni dessous.

B

BAIN-MARIE (*term. de cuis. et d'off.*), se dit des viandes, des crêmes, des sirops, etc., que l'on fait cuire dans un vase plongé et maintenu dans l'eau bouillante.

BAQUET (*ust. de cuis.*), il sert à laver la vaisselle et l'argenterie.

BARDER (*term. de cuis.*), garnir de bardes.

BARDES (*term. de cuis.*), tranches de lard coupées trèsminces, et qui servent à entourer la pièce de volaille ou de gibier que l'on veut mettre à la broche.

BASSINE (*ust. d'off.*), casserole en cuivre étamé, grande et peu élevée des bords, ayant la forme d'un bassin avec deux anses; ne doit servir qu'à faire des confitures.

BLANCHIR (*term. de cuis. et d'off.*); 1° en termes de cuisine, c'est passer dans l'eau bouillante des légumes, des viandes blanches ou toute autre substance alimentaire; 2° en termes d'office, c'est passer des fruits dans un sirop quelconque.

BOUQUET (*term. de cuis. et d'off.*); 1° en terme de cuisine ce mot s'applique à un petit paquet, attaché avec du fil, que l'on compose ordinairement de *persil*, de *ciboule*, *d'ail*, etc.; on l'emploie dans une infinité de ragoûts. Par *bouquet garni*, on entend celui qui, indépendamment de l'assaisonnement que nous venons d'indiquer, contient des épices, des plantes aromatiques telles que *clous de girofle*, *sarriette*, etc.; 2° en termes d'office, *bouquet de vin*, désigne le parfum qu'il exhale.

BRAISE (*term. de cuis.*), cuisson qui relève les viandes sans aucune évaporation sensible. On dit : *cuire en braise*, *faire braiser un gigot.*

BRAISIÈRE (*ust. de cuis.*), vaisseau de cuivre étamé.

BRIDER (*term. de cuis.*), passer une ficelle dans les cuisses d'une volaille ou d'une pièce de gibier pour assujétir l'une ou l'autre.

BROCHE (*ust. de cuis.*), longue verge de fer plate et pointue par le bout, percée de distance en distance de petits trous carrés propres à recevoir une *brochette.*

BUISSON (*term. de cuis. et d'off.*), substance que l'on *dresse* en forme de dôme ; 1° en termes de cuisine , on dit : *un buisson d'écrevisses ; 2°* en termes d'office , on dit : *un buisson de meringues.*

C

CAFETIÈRE (*ust. d'off.*), vase d'argent destiné à contenir du café au moment d'être servi.

CANNELON (*ust. d'off.*), moule de ferblanc destiné à contenir les neiges , les glaces ou les pâtes fines.

CARAMEL (*term. de cuis. et d'off.*), dernière cuisson du sucre. Il sert à colorer les viandes , les compotes , etc.

CASSEROLES (*ust. de cuis.*), cuivre étamé. Il y en a de toute forme et de toute grandeur.

CENDRER (*term. de cuis.*), mettre de la cendre sur un fourneau pour diminuer la force du feu.

CHAUSSE (*ust. d'off.*) , étoffe de laine épaisse et serrée , ayant la forme d'un bonnet de pierrot , par laquelle on passe les liqueurs et les sirops que l'on veut clarifier.

CHEF (*term. de cuis.*), qualification que l'on donne au premier cuisinier.

CISELER (*term. de cuis.*) , se dit des entailles que l'on fait de distance en distance aux viandes , aux poissons , etc.

COLLER (*term. d'off.*), éclaircir le vin avec des blancs d'œufs ou de la colle de poisson.

COMPOTIER (*ust. d'off.*), jatte peu profonde, de porcelaine , de cristal, d'argent ou de vermeil.

CONCASSER (*term. d'off.*), signifie piler grossièrement dans un mortier.

COUPE-PATE (*ust. d'off.*), moule de ferblanc, quelquefois de cuivre rouge, servant à couper la pâtisserie.

COUPERET (*ust. de cuis.*) , servant à couper les grosses viandes , l'extrémité des os et diviser les côtelettes.

CRISTAUX (*ust. d'off.*), verres à tige ou sans pied , servant à contenir les fruits , les neiges et les glaces.

D

DÉBRIDER (*term. de cuis.*), ôter après la cuisson la ficelle qui a servi à brider une volaille.

DÉGORGER [faire] (*term. de cuis.*), mettre des viandes dans l'eau froide pour leur faire rendre le sang qui peut y rester.

DÉS [couper en] (*term. de cuis.*), couper la viande ou les légumes en morceaux petits ou gros, en leur donnant la figure de dés à jouer.

DÉSOSSER (*term. de cuis.*), enlever les os de la viande et du gibier, rendre à chacun d'eux sa première forme après parfaite cuisson.

E

ÉCHAUDER (*term. de cuis. et d'off.*), jeter dans l'eau bouillante les alimens qui doivent être accommodés ensuite. Les viandes doivent être primitivement *préparées*, les légumes *épluchés*, les fruits *nettoyés*, le gibier *plumé*, et le poisson *ratissé*.

ÉCUME (*term. de cuis. et d'off.*), espèce de mousse sur l'eau, sur les liqueurs, provenant de matières cuites.

ÉCUMOIRE (*ust. de cuis.*), ustensile indispensable à la confection d'un pot-au-feu.

ÉMINCER (*term. de cuis.*), faire des tranches de viande très-minces.

ENTRÉES (*term. de cuis.*), mets qui se servent immédiatement après les hors-d'œuvre et avant le *rôt*.

ENTREMETS (*term. de cuis.*), mets qui se servent après le *rôt* et avant le *désert*.

ÉPLUCHER (*term. de cuis.*), se dit en général des légumes dont on enlève l'épiderme en les ratissant avant de les faire cuire.

ESCALOPES (*term. de cuis.*), parcelles de viandes rondes et minces ayant la forme d'une pièce de monnaie.

ÉTAMINE (*ust. de cuis. et d'off.*), étoffe de laine servant à passer les coulis, les sauces, les sirops, et autres alimens liquides.

ÉTOUFFER (*term. de cuis.*), faire cuire des viandes dans une marmite ou dans une casserole hermétiquement fermée.

ÉTUVE (*term. de cuis. et d'off.*), lieu très-chaud où l'on dépose les substances que l'on veut faire sécher.

F

FARCE (*term. de cuis.*), hachis de viande dont on remplit les volailles.

FLAMBER (*term. de cuis.*), passer de la volaille ou du gibier à plumes par le feu pour en brûler le duvet après qu'on les a plumés.

FONCER [une casserole] (*term. de cuis.*), mettre au fond des tranches de lard ou de jambon pour cuire *en braise.*

FRAPPER DE GLACE (*term. d'off.*), se dit d'une bouteille de Champagne ou autre boisson que l'on entoure de glace après l'avoir débouchée.

FRÉMIR (*term. de cuis.*), eau qui commence à bouillir, et dans laquelle on met les substances qui doivent cuire sans bouillir.

FRIQUET (*term. de cuis.*), écumoire de cuivre qui sert à retirer de la friture les substances qui y ont passé.

FRUIT (*term. d'off.*), tout ce qui comprend le service d'un désert.

FRUITERIE (*term. d'off.*), serre exposée et close, garnie de tablettes, dans laquelle on dépose les fruits que l'on veut conserver.

G

GLACER (*term. de cuis. et d'off.*), étendre sur les viandes ou volailles les coulis ou sauces qu'on emploie ; pour l'office, couvrir les fruits et la pâtisserie de sucre liquide.

GRILLE (*term. d'off.*), c'est un ustensile de laiton fait en forme de treillage. On en emploie de grandes et de petites,

Les grandes servent pour le tirage, c'est-à-dire pour déposer les fruits que l'on tire de leur sirop pour les laisser égoutter. On n'emploie les petites que pour le sucre candi.

GRIL (*ust. de cuis.*), pour les côtelettes, les rognons, les pieds de cochon, les poissons, etc., etc.

H

HABILLER (*term. de cuis.*), se dit de la première préparation. On dit : *habiller une volaille, un poisson, un lièvre, un chevreuil*, etc., c'est donner à tous ces alimens la tournure qu'ils doivent avoir avant leur cuisson.

HORS-D'ŒUVRE (*term. de cuis.*), plats que l'on sert avant les entrées.

L

LARDER (*term. de cuis.*), introduire du lard coupé dans la viande par le moyen d'une lardoire.

LARDOIRES (*ust. de cuis.*), elles servent à passer des lardons dans les viandes.

LARDON (*term. de cuis.*), lard coupé en long et carrément.

LIT (*term. de cuis.*), couper des substances divisées en tranches minces sur lesquelles on prépare un assaisonnement.

M

MARINER [faire] (*term. de cuis.*), viandes, poissons ou légumes que l'on met dans une préparation pour leur donner du goût ou les conserver.

MARQUER (*term. de cuis.*), préparer dans une casserole les viandes que l'on veut faire cuire.

MASQUER (*term. de cuis.*), dissimuler la forme d'un mets par un *entourage* quelconque.

MIJOTER [faire] (*term. de cuis. et d'off.*), cuire lentement, à petit feu.

MITONNER [faire] (*term. de cuis.*), faire tremper du pain dans un bouillon le temps nécessaire pour le bien imbiber.

MONDER (*term. d'off.*), enlever la pellicule des amandes, etc., après avoir épluché.

MORTIER (*ust. de cuis. et d'off.*), ustensile en marbre servant à *concasser* et à *piler*.

MOUDRE (*term. d'off.*), se dit du café.

MOUILLER (*term. de cuiss. et d'off.*), mettre de l'eau, du bouillon, du vin, de l'eau-de-vie, etc., dans la cuisson.

MOULE (*ust. de cuis. et d'off*), vaisseau destiné à donner une forme à la substance que l'on met dedans.

MOULIN A CAFÉ (*ust. d'off.*), ne doit être employé que pour moudre du café *brûlé*.

MOULINET (*ust. d'off.*), il sert à faire mousser du chocolat.

N

NEIGE (*term. d'off.*), blancs d'œufs fouettés.

P

PANER (*term. de cuis.*), saupoudrer de mie de pain.

PARER (*term. de cuis.*), ôter les peaux et graisses superflues.

PASSER (*term. de cuis.*), faire faire plusieurs tours à une viande ou à des légumes dans une casserole.

PASSOIRE (*ust. de cuis.*), elles sont de cuivre, servent à passer les purées ou à laisser égoutter les légumes cuits dans l'eau.

PAUPIÈTTES (*term. de cuis.*), tranches de viandes coupées plates, et destinées à être roulées.

PELER (*term. d'off.*), enlever le zeste d'un citron ou d'une orange, la pelure d'une poire ou d'une pomme.

PILON (*ust. de cuis. et d'off.*), il sert à piler les substances dans son mortier.

PIQUER (*term. de cuis.*), garnir de lard des viandes quelconques.

PLAFOND (*ust. de cuis. et d'off.*), plateau de cuivre étamé, sur lequel on dispose les viandes ou la pâtisserie que l'on veut faire cuire au four.

POISSONNIÈRE (*ust. de cuis.*), vaisseau de cuivre *étamé*, dans lequel est adaptée au fond une feuille percée de trous, avec deux anses, pour retirer, sans le rompre, le poisson que l'on a préparé dessus afin de le faire cuire.

PUITS (*term. de cuis.*), creux formé dans le milieu d'un plat.

R

RAFRAÎCHIR (*terme d'off.*), fruits qu'on met à l'eau fraîche, après les avoir *blanchis* ; vins et liqueurs que l'on met à la glace.

REFAIRE (*term. de cuis.*), c'est retourner dans une casserole sur le feu de la volaille ou du gibier jusqu'à ce que la chair renfle.

REVENIR [faire] (*term. de cuis.*), c'est faire passer dans le beurre très-chaud, les viandes, la volaille ou le gibier.

ROULEAU (*ust. d'off.*), morceau de bois rond servant à la pâte pour la *pâtisserie*.

ROULETTE (*ust. d'off.*), instrument à découper les pâtes.

S

SAUTER [faire] (*term. de cuis.*), lier, par le mouvement du bras, les ragoûts que l'on fait cuire dans la poêle ou dans la casserole.

SARBOTIÈRE (*ust. d'off.*), appareil d'étain ou de ferblanc, avec lequel on fait *prendre en neige* ou *en glace* les liquides que l'on place dedans.

SASSER (*term. de cuis. et d'off.*), remuer vivement avec une cuillère.

SINGER (*term. de cuis. et d'off.*), jeter de la farine sur des substances que l'on *mouille* en les faisant cuire.

T

TAMISER (*term. de cuis. et d'off.*), faire passer par le tamis.

TAMIS (*ust. de cuis.*), il doit être en crin ; à la cuisine , on l'emploie pour passer le bouillon et les sauces ; à l'office , on s'en sert pour poser dessus les fruits à mi-sucre.

TORRÉFIER (*term. d'off.*), brûler du café.

TOURNER (*term. de cuis. et d'off.*), tourner les légumes et les arrondir ; les oranges, les citrons, etc. , en ôtant l'écorce la plus légère.

TOURTIÈRE (*ust. d'off.*), plateau de cuivre étamé servant à faire cuire au four des *tourtes* et des *pâtés*.

TROUSSER (*term. de cuis.*), passer de la ficelle avec l'aiguille à brider pour assujétir une volaille ou une pièce de gibier.

Z

ZESTES (*term. de cuis. et d'off.*), épiderme des fruits à odeur. En cuisine, il sert à relever les sauces ; à l'office, pour limonade, compotes, gelées, etc.

CUISINIER DE TOUT LE MONDE.

DES POTAGES.

POT-AU-FEU. — Prenez la viande la plus saine et la plus fraîchement tuée, pour qu'elle donne plus de goût à votre bouillon ; la plus succulente est la tranche, la culotte, les charbonnades, le milieu du trumeau, le bas de l'aloyau et le gîte à la noix ; les pièces les plus propres à servir sur la table sont la culotte et la poitrine du bœuf. Ne mettez du veau dans votre bouillon que pour quelque cause de maladie et pour le rendre rafraîchissant. Quand votre viande est bien écumée, salez votre bouillon, mettez dans la marmite carottes, navets, poireaux, céleri, racine de persil, laurier, clous de girofle, ail et ognon brûlé ; faites bouillir doucement pendant cinq ou six heures, passez-le ensuite dans un tamis. Laissez reposer votre bouillon ou pour en faire une soupe grasse ou tout autre potage gras, ou enfin pour vous en servir à ce que vous jugerez à propos.

CONSOMMÉ. — Mettez deux livres de tranche de bœuf maigre avec une vieille volaille dans deux pintes d'eau ; ajoutez carottes, poi-

reaux, ognons, clous de girofle, bouquet garni ; faites cuire à petit feu pendant sept ou huit
heures, et réduire au tiers.

RIZ AU GRAS. — Prenez, pour quatre
personnes, un quarteron de riz bien épluché,
lavez-le quatre ou cinq fois à l'eau tiède en le
frottant bien, puis à l'eau froide : vous le mouillerez à grand bouillon, pour que votre riz ne se
mette pas en bouillie ; vous le ferez bouillir
pendant deux heures à petit feu. Tâchez que
votre bouillon ne soit pas trop salé, à cause de
la réduction. Pour qu'il acquierre une belle couleur, vous y mettrez une demi-cuillerée de jus
de veau. Le riz de la Caroline est le meilleur
pour la cuisine.

RIZ AU MAIGRE. — Faites crever, comme
ci-dessus, votre riz à l'eau avec du beurre, sel,
poivre, et au moment de servir, ajoutez deux
jaunes d'œufs.

RIZ AU LAIT. — On emploie du lait au
lieu de bouillon, que l'on assaisonne de deux onces de sucre et d'une feuille de laurier-amande.

VERMICELLE. — Le jeter dans le liquide
bouillant, gras ou maigre, et le faire bouillir à
grand feu pendant près d'une demi-heure.
Broyer le vermicelle entre ses doigts de manière à ce qu'il ne reste pas en paquet.

SEMOULE. — Comme le vermicelle, mais
il ne faut pas que le liquide soit aussi chaud. En
versant votre semoule, ayez soin de tourner
avec une cuillère afin d'éviter les grumeaux qui
pourraient s'y former.

FÉCULE DE POMMES DE TERRE.—
Lorsque votre bouillon sera bouillant, délayez

avec un demi-verre de bouillon froid six cuillerées de fécule, pour quatre assiettes de potage; retirez la casserole sur le bord du fourneau, et versez la fécule en tournant toujours
avec une cuillère pour qu'elle ne tombe pas au
fond; remettez le bouillon sur le feu, et continuez de le remuer jusqu'à ce qu'il soit épaissi.

BOUILLON A LA MINUTE. — Mettez
dans une pinte d'eau bouillante trois ou quatre
onces de jus de viande.

BOUILLON A L'HEURE.—Prenez deux
livres de bœuf que vous hacherez par petits morceaux, ajoutez-y ognons, carottes et quelques
morceaux de lard; faites mijoter le tout pendant
un quart d'heure dans un grand verre d'eau,
faites bouillir ensuite pendant trois quarts
d'heure dans une pinte d'eau; passez au tamis
et servez.

POTAGE AUX CHOUX. — Au gras, on
les fait cuire avec du lard ou du jambon auquel
on joint une poitrine de mouton, un cervelas
ou saucisson ; le tout doit bouillir pendant deux
heures à grand feu, ou trois heures à petit feu ;
au maigre, faites blanchir un chou que vous
couperez ensuite par petits morceaux ; mettez-le
dans la marmite quand l'eau est bouillante, avec
légumes, sel et poivre.

AUX CROUTONS. — Coupez du pain en
morceaux carrés comme des dés. Vous les ferez frire dans le beurre, puis les jetterez dans
une purée de haricots, de pois ou de lentilles.

AUX GRENOUILLES. — Faites bouillir
dans l'eau avec sel, poivre et tout l'assaisonne-

ment d'un pot-au-feu, des cuisses de grenouilles après les avoir dépouillées ; il en résultera un bouillon délicat.

A LA JARDINIÈRE. — Taillez carottes, navets, pommes de terre, par morceaux de la grosseur et de la forme d'un bouchon; ajoutez-y poireaux et céleri coupés de la même longueur; faites-les blanchir, et mettez-les cuire dans du bouillon.

A LA PURÉE DE LENTILLES, AUX POIS, NAVETS ET CAROTTES. — Ils se font tous de la même manière ; en voici un exemple : mettez les lentilles (ou tout autre légume) dans une casserole, avec ognons, carottes, poireaux et céleri ; joignez-y du lard si vous voulez une purée au gras ; le tout bien cuit, écrasez vos légumes, et passez-les dans une passoire ; servez sur le potage.

EN TORTUE. — On met tranche de bœuf, parure de veau, poule ou parure de volaille, moitié consommé et moitié blond de veau, carottes, ognons, cloux de girofle, dans une marmite; moitié de tête de veau dégorgée et blanchie, coupée par petits morceaux dans une autre marmite, petits pimens, macis de muscade, consommé, vin de Madère, champignons, riz de veau en très-petits morceaux, crêtes de coqs, rognons, quenelles de volaille ; dans la soupière, œufs pochés, et le potage dessus.

AUX LAITUES. — Ficelez vos laitues, faites-les cuire dans le bouillon qui servira à tremper votre potage, et servez-les dessus.

AU MACARONI. — Faites cuire le macaroni dans un consommé, et saupoudrez de fromage râpé.

AUX HERBES. — Dans le moment des saisons douces et tempérées, épluchez de l'oseille, de la laitue, ajoutez-y un peu de poirée et de cerfeuil. Hachez le tout et faites revenir sur le feu avec un morceau de beurre frais. Lorsque cette réunion est bien amalgamée et assez cuite, mouillez avec suffisante quantité de bouillon gras ou maigre, et versez, au moment qu'il est prêt à bouillir, sur le pain préparé d'avance dans la soupière. Vous pouvez ajouter, comme liaison, deux jaunes d'œufs.

A L'OGNON. — Les ognons épluchés, vous leur coupez la tête et la queue pour éviter l'âcreté naturelle de l'ognon employé en certaine quantité : avant de les mettre coupés en lames dans la casserole, ou, ce qui est mieux, dans une poêle, vous y faites fondre un demi-quarteron de beurre (plus ou moins, selon la capacité de la soupière); faites frire et roussir les ognons jusqu'à ce qu'ils soient d'un blond doré, puis mettant l'eau nécessaire à ce potage, vous laissez bouillir le tout pendant une demi-heure, après toutefois l'avoir assaisonné de sel et de poivre fins. Versez votre bouillon sur le pain taillé, couvrez la soupière et laissez-la mitonner cinq minutes au moins.

Vous pouvez encore y ajouter une liaison de deux jaunes d'œufs délayée dans quatre cuillerées de lait chaud, au moment de servir.

POTAGE A LA JULIENNE. — Coupez par petits morceaux carottes, céleri, navets, panais, poireaux, ognons, que vous faites revenir dans le beurre : lorsque ces légumes commenceront à se colorer, hachez oseille, persil, ciboule, laitue et cerfeuil, que vous mettrez cuire avec pendant un quart d'heure; mouillez avec du bouillon ou de l'eau; laissez bouillir une heure, et versez sur peu de pain en ajoutant une purée quelconque.

AUX ECREVISSES. —Elles ont un boyau noir et amer que vous retirez en arrachant l'é-caille qui se trouve au milieu de la queue; fai-tes-les cuire dans du bouillon (d'autres emploient eau et vinaigre en quantité égale, avec farine, sel, poivre et ail); quand elles seront cuites, écrasez les têtes, mouillez-les de bouillon, et passez au tamis; trempez votre riz ou vos croû-tes avec cette purée, et couronnez le potage avec des queues d'écrevisses.

AU FROMAGE DE GRUYÈRE OU DE PARMESAN. — Foncez la soupière de pain avec une couche de fromage rapé par dessus; faites ainsi plusieurs couches l'une sur l'autre, mouillez avec votre bouillon gras ou maigre, et laissez mitonner. Au moment même de servir, ajoutez la quantité de bouillon nécessaire. Ce potage demande à être servi un peu épais.

PRINTANIER. — Prenez pois nouveaux, cerfeuil, pourpier, laitue, oseille, ognons, persil, un morceau de beurre; faites bouillir le tout et passez-le en purée; faites mitonner le potage avec trois quarts de bouillon, délayez dans l'au-tre quart des jaunes d'œufs, et versez votre liaison avant de servir.

AU POTIRON. — Faites cuire à l'eau le potiron coupé par petits morceaux en le remuant souvent avec une cuillere de bois. Passez à tra-

vers un tamis; ajoutez du beurre, du lait et du
sucre avant de servir.

DES SAUCES.

Le bouillon est l'élément et la base de la plupart des sauces. Employé avec adresse, il remplace les jus et les veloutés qui consomment à
eux seuls presqu'autant de viandes que l'on en
sert sur la table. Il est donc essentiel d'avoir
toujours d'excellent bouillon, et l'on est souvent
embarrassé, pendant l'été, de le garder d'un
jour à l'autre; l'expérience nous a démontré que
le plus sûr moyen de le conserver dans les grandes chaleurs, c'est de le faire bouillir soir et
matin.

COULIS D'ÉCREVISSES. — Choisissez
des écrevisses moyennes que vous ferez bouillir
dans l'eau; prenez-en les coquilles, et pilez-les,
quand elles seront sèches, dans un mortier : délayez avec du bouillon et passez au tamis. Si vous
voulez que ce coulis soit au gras, vous le mêlerez à un jus de veau, de jambon, d'ognons, de
carottes, cuits ensemble; si c'est au maigre,
vous y substituerez du poisson.

COULIS MAIGRE. — On fait cuire à petit feu, dans une casserole bien couverte et remplie d'eau aux deux tiers, des pois secs, pommes
de terre, panais, carottes, navets, céleri, clous
de girofle, et enfin tout ce qui entre dans un
bouillon maigre; mais pour être plus épais, il
faut que le coulis soit bien plus cuit. Exprimez
le jus en pressant fortement, et passez.

COULIS DE VEAU. — Beurrez le fond d'une casserole; placez-y trois livres de maigre de veau, quatre clous de girofle et une demi-douzaine de petits ognons; faites prendre au veau une couleur blonde, et mouillez-le d'un demi-litre de bouillon. Quand le tout aura cuit à petit feu pendant cinq ou six heures, vous retirerez la viande, et passerez le bouillon au tamis.

JUS. — C'est la base de toutes les sauces. Mettez dans une casserole trois livres de tranche, les cuisses et le râble de deux lapins, un jarret de veau, six carottes, autant d'ognons, deux clous de girofle, deux feuilles de laurier, un bouquet de persil et de ciboule; versez plein deux cuillères à pot de bouillon dans votre casserole, que vous placerez sur un bon feu; votre bouillon réduit, vous étoufferez votre fourneau et y remettrez votre casserole, afin que votre viande jette son jus et qu'il s'attache doucement. Il est essentiel que la glace qui est au fond de votre casserole soit noire. Lorsqu'elle sera à ce point, vous retirerez votre casserole du feu, et resterez environ un quart d'heure sans la mouiller: remplissez-la avec du bouillon ou de l'eau; faites ensuite mijoter votre jus pendant trois heures. Ayez soin qu'il soit bien écumé et assaisonné. Si vos viandes cuites sont mouillées à l'eau, vous passerez le jus à travers un tamis de crin. On peut faire le jus plus simplement en mettant dans le fond d'une casserole un peu de lard, quelques tranches d'ognons et des morceaux de rouelle de veau minces par dessus : on les fait suer à très-petit feu, puis attacher sans être brûlés; on mouille avec du bouillon; on fait bouillir une demi-heure, et l'on passe le jus au tamis pour s'en servir à ce que l'on juge à propos.

ROUX. — Faites fondre un bon morceau de beurre dans une casserole, mettez-y de la farine, de manière que votre farine, liée avec le beurre, soit plus épaisse que si c'était une bouillie bien matte; placez votre beurre et votre farine sur un fourneau un peu ardent; tournez avec une cuillère de bois jusqu'à ce que le roux soit un peu blond; mettez de la cendre sur votre feu, et replacez-y votre roux que vous ferez ainsi aller à petit feu jusqu'à ce qu'il soit d'un beau blond. Prenez de la farine de froment de préférence à celle de seigle.

ROUX BLANC. — Il se fait comme le précédent, excepté qu'on ne lui laisse pas prendre de couleur.

VELOUTÉ. — Ayez deux ou trois sous-noix de cuissot de veau, deux poules, quatre carottes, quatre ognons, dont un piqué de deux clous de girofle, un fort bouquet de persil et ciboules, et le tout dans une casserole; vous y mettrez plein une cuillère à pot de consommé; vous placez votre casserole sur un feu un peu ardent; vous aurez bien soin d'écumer vos viandes et d'essuyer l'intérieur de votre casserole, afin que votre sauce ne soit point trouble; lorsque vous verrez que votre mouillemeut sera diminué, et qu'il sera de grosses bulles en bouillant, vous mouillerez votre suage avec du consommé; ayez soin qu'il soit bien clair et qu'il n'ait point de couleur brune. Quand vous aurez rempli votre casserole de consommé, vous aurez l'attention de l'écumer; lorsqu'il bouillira, vous le mettrez sur le coin du fourneau. Vous ferez un roux blanc dans lequel vous mettrez une vingtaine de champignons, que vous aurez sautés à froid dans de l'eau et du citron, que vous remuerez dans votre roux chaud; puis vous délaierez votre roux blanc avec le mouillement de votre velouté; vous le verserez après sur vos viandes. Vous ferez bouillir votre sauce sur le coin du fourneau; vous l'écumerez bien; au bout d'une heure et demie vous la dégraisserez. Lorsque votre viande sera cuite, vous passerez votre sauce à l'étamine; tâchez que votre velouté soit le plus blanc possible.

BEURRE D'ANCHOIS. — On lave bien cinq ou six anchois, on en enlève les chairs, on les pile bien, on les passe ensuite, sans y mettre de mouillement, à travers un tamis de crin, puis on prend les chairs et on les amalgame avec autant de beurre; alors on s'en sert pour ce que l'on veut faire au beurre d'anchois.

SAUCE A L'ALLEMANDE. — Mettez dans une casserole un peu de coulis avec autant de bouillon, une pincée de persil blanchi haché, deux foies de volailles cuits, un anchois et des câpres, le tout haché très-fin, gros comme la moitié d'un œuf de bon beurre, sel, poivre; faites lier la sauce sur le feu, et servez-vous-en pour ce que vous jugerez à propos.

SAUCES A L'ANGLAISE.—Hachez deux jaunes d'œufs durs, mettez-en la moitié dans une casserole avec un anchois et des câpres hachés, un verre de bon bouillon, peu de sel, gros poivre, beurre manié de farine; faites lier la sauce sur le feu, dressez-la sur ce que vous voudrez, et jetez sur la viande le restant du jaune d'œuf haché.

SAUCE A LA BÉCHAMEL. —Faites fondre dans une casserole beurre, ognons coupés en tranches, carottes, champignons, persil, ajoutez deux cuillerées de farine, et mouillez avec une demi-pinte de crême, sel, poivre et muscade; tournez jusqu'à ce que le tout bouille, et vous laisserez ensuite cuire à petit feu pendant une heure. Passez au tamis en servant, et ajoutez une liaison de jaunes d'œufs.

SAUCE BLANCHE. — On met dans une casserole du beurre, de l'eau et de la farine; on tourne jusqu'à ce que la sauce soit bien liée et près de bouillir; on la retire alors du feu, et on y ajoute quelques gouttes de verjus ou un filet de vinaigre.

SAUCE BLANCHE AUX CAPRES ET ANCHOIS. — Mettez dans une casserole gros comme un œuf de beurre, que vous mêlerez avec une pincée de farine; délayez avec un verre de bouillon, un anchois haché, câpres fines entières, sel, gros poivre, deux ou trois ciboules entières; faites lier sur le feu, ôtez les ciboules et servez.

SAUCE AU BLANC. —Prenez une demi-livre de lard rapé, une demi-livre de graisse, un quarteron de beurre, un citron coupé en tranches, dont vous ôterez le blanc, du laurier, un clou de girofle, deux carottes coupées en dés, deux ognons, une demi-cuillerée d'eau; vous ferez bouillir le tout jusqu'à ce qu'il soit réduit, ayant soin de tourner sans cesse votre blanc, de crainte qu'il ne s'attache; quand il n'y aura plus de mouillement, et que votre graisse sera fondue, vous y jetterez du sel blanc; vous le ferez bouillir, vous l'écumerez, après quoi vous vous en servirez pour les mets que vous voulez faire au blanc.

SAUCE AU PAUVRE HOMME.—Faites
cuire échalottes et persil hachés dans du bouillon,
avec épices et cuillerée de vinaigre; joignez-y
alors les restes de rôti que vous aurez voulu réchauffer, et retirez avant qu'ils aient bouilli.

SAUCE AU JUS D'ORANGE.—Mettez
dans une casserole un demi-verre de bon bouillon, avec autant de jus, quelques zestes de pelure d'orange aigre, gros comme la moitié d'un
œuf de bon beurre manié avec une petite pincée de farine, sel, gros poivre, faites lier sur
le feu, et pressez-y ensuite le jus d'une orange
aigre.

SAUCE A LA MAITRE-D'HOTEL. —
Mettez un quarteron de beurre dans une casserole, du persil et des échalottes hachés très-
menus, du sel, du poivre et un jus de citron;
vous pétrirez le tout ensemble. Au moment de
servir, vous versez votre sauce dessus, dessous,
dans les viandes ou poissons, à volonté.

SAUCE PIQUANTE.—Vous mettez dans
une casserole un poisson de vinaigre, un peu de
petit piment, du poivre, une feuille de laurier,
un peu de thym; faites réduire à moitié; alors
vous ajouterez trois cuillerées de bouillon;
faites réduire votre sauce à une juste mesure,
et mettez y le sel nécessaire.

SAUCE AU PETIT-MAITRE.—Mettez
dans une casserole un verre de vin blanc, moitié
d'un citron coupé en tranches, un peu de chapelure de pain très-fine, deux cuillerées à bouche d'huile d'olive, un bouquet de persil, ciboule, deux gousses d'ail, un peu d'estragon,
deux clous de girofle, un peu de bouillon, sel,

gros poivre; faites bouillir le tout à très-petit feu pendant un quart d'heure; dégraissez ensuite et passez au tamis.

SAUCE MAYONNAISE. — Mêlez bien dans un bol, un jaune d'œuf, poivre, sel, cinq ou six gouttes de vinaigre, une cuillerée d'huile versée goutte à goutte et toujours en tournant. Le mélange opéré, et la sauce bien liée, vous y ajouterez encore une cuillerée de vinaigre.

Cette sauce délicate sert à masquer les viandes froides.

SAUCE A LA POIVRADE. — Mettez dans une casserole gros comme la moitié d'un œuf de beurre, deux ou trois ognons en tranches, carottes et panais coupés en zestes, une gousse d'ail, deux clous de girofle, une feuille de laurier, thym, basilic; passez le tout au feu jusqu'à ce qu'il commence à se colorer, mettez-y une bonne pincée de farine; mouillez avec un verre de vin rouge, un verre d'eau, une cuillerée de vinaigre; faites bouillir une demi-heure; dégraissez, passez au tamis, mettez-y du sel, gros poivre, et servez-vous-en pour tout ce qui a besoin d'être relevé.

SAUCE A LA PROVENÇALE. — Vous mettrez dans une casserole deux cuillerées d'huile fine, quelques échalottes et champignons hachés, deux gousses d'ail entières; passez le tout sur le feu; ajoutez une pincée de farine, mouillez avec du bouillon et un verre de vin blanc; assaisonnez de sel, gros poivre, un peu de persil, ciboule; faites bouillir cette sauce à petit feu pendant une demi-heure; dégraissez-la, et ne laissez d'huile que ce qu'il faut pour qu'elle soit perlée et légère; ôtez le bouquet et les gousses d'ail, et servez sur ce que vous jugerez à propos.

SAUCE A LA RAVIGOTTE. — Mettez dans une casserole un verre de bouillon, une demi-cuillerée à café de vinaigre, sel, poivre, un petit morceau de beurre manié de farine, et deux pincées de fournitures de salade, telles que civette, estragon, pimprenelle, cerfeuil, cresson; faites bouillir cette fourniture un moment dans l'eau, pressez-la bien et hachez-la très-fine, mettez-la dans la sauce; et faites-la lier sur le feu pour la servir. Si vous mettez la fourniture sans la faire blanchir, il en faut la moitié moins.

SAUCE A LA REMOULADE.—Hachez très-fin une échalotte, du persil, de la ciboule, une pointe d'ail, un anchois et des câpres, salez, poivrez, et délayez le tout avec un peu de moutarde, de l'huile et du vinaigre. Pour rendre la sauce meilleure on peut y ajouter un jaune d'œuf cru que l'on remue avec la rémoulade.

SAUCE ROBERT. — Mettez dans une casserole un peu de beurre, avec une cuillere à bouche de farine, faites roussir votre farine à petit feu, quand elle est de belle couleur, mettez-y trois gros ognons hachés très-fin, et du beurre suffisamment pour faire cuire l'ognon; mouillez ensuite avec du bouillon, dégraissez la sauce et la laissez bouillir une demi-heure. Lorsque vous êtes prêt à servir, mettez-y sel, gros poivre, filet de vinaigre, de la moutarde. Cette sauce s'emploie avec le porc frais et le dindon.

ROCAMBOLE.—Epluchez plein un grand verre de rocamboles; vous les mettrez dans l'eau bouillante ; vous les retirerez quand elles commenceront à s'écraser sous les doigts, et les mettrez dans l'eau fraîche ; quand elles seront froides, vous les égoutterez et les mettrez dans du velouté que vous aurez fait réduire ; vous pouvez lier votre velouté. (*Voyez* Velouté.)

SAUCE TOMATE. — Faites bouillir huit ou dix tomates avec un bouquet garni, une gousse d'ail, poivre et sel ; quand elles sont en purée, retirez-les, passez-les, et joignez-y du jus avec un quarteron de beurre qui ne fera que fondre dans la sauce.

SAUCE A TOUS METS.— Elle convient à tous gibiers, poissons, viandes, légumes, et se fait avec vin blanc, un peu de zeste de citron, épices, bouquet garni, filet de verjus, que l'on met infuser sur la cendre chaude pendant sept à huit heures.

SAUCE AUX TRUFFES. — On met les truffes coupées par tranches dans un roux ; qnand elles sont cuites, on les mouille de bouillon et de vin blanc. On remplace le bouillon gras par un maigre, suivant les cas.

SAUCE TARTARE. — Elle se fait avec échalottes, estragon, cerfeuil, hachés menu, moutarde, épices, filet de vinaigre, huile, que l'on tourne jusqu'à ce que le tout soit bien mêlé. Cette sauce se fait à froid.

SALMIS. — Les salmis ne s'emploient que pour le gibier : les perdreaux, la bécasse, le faisan, les canards sauvage. Faites fondre sans roussir un morceau de beurre manié de farine, mouillez de bouillon et de vin, parties égales ;

ajoutez des échalottes et un bouquet garni que l'on retirera après que la sauce aura bouilli pendant vingt-cinq minutes; mettez du jus de citron, épicez et retirez du feu.

SAUCE A L'ESPAGNOLE. — Mettez dans une casserole du jus de viandes, un verre de vin blanc et autant de bouillon, carottes, ognons, panais, bouquet garni, muscade, sel, poivre, et deux cuillerées d'huile d'olive; faites bouillir à petit feu pendant une heure, après quoi vous dégraisserez et passerez au tamis avant de servir.

SAUCE AUX CORNICHONS. — Mettez dans une casserole beurre, farine, cornichons coupés en tranches, sel, poivre; mouillez avec du bouillon, faites lier sur le feu et servez.

BEURRE NOIR.—Faites noircir du beurre dans une poêle, écumez-le et tirez à clair; faites bouillir dans la même poêle du vinaigre avec du sel, ajoutez-y votre beurre, et versez bouillant sur le poisson.

DE LA DISSECTION DES VIANDES.

ART DE DÉCOUPER ET DE SERVIR A TABLE.

L'art de découper les viandes, le gibier, la volaille et le poisson, est essentiel, puisqu'il ajoute à l'agrément de la bonne chère, au coup d'œil et même à la bonté réelle d'un festin.

GROSSES VIANDES.

BŒUF. — Qu'il soit *bouilli*, *à la mode* ou *rôti*, il faut toujours le couper en travers, afin que la viande se trouve courte, et, avant cette opération, dépouiller le morceau de ses os, de ses nerfs et de sa graisse superflue. On coupera les tranches minces que l'on couronnera d'une petite portion de graisse.

ALOYAU. — On commence par le diviser comme le morceau dit de *la culotte*. Ensuite, on procède de même pour la partie charnue qui est en dehors et que l'on a coutume d'appeler *morceau des clercs*; il est plus ferme que le filet, mais il a meilleur goût, et lorsque l'aloyau est tendre et bien mortifié, les amateurs lui donnent la préférence.

CARRÉ DE VEAU. — Il y a deux manières de découper un *carré de veau*. La première, c'est de couper les côtelettes séparément, dans le sens perpendiculaire, et de façon que chacune retienne la portion du filet et même du rognon qui s'y trouve adhérente. La seconde (c'est la plus élégante) consiste à lever d'abord le filet que l'on coupe en morceaux de diverses grosseurs, ainsi que le rognon; ensuite on divise les côtes sur lesquelles il doit toujours rester assez de chair et de peau rissolée.

TÊTE DE VEAU. — La tête de veau, qu'on préfère généralement bouillie, se mange avec une sauce piquante à part, ou même simplement au vinaigre. Les morceaux les plus distingués sont les yeux, les bajoues, les tempes, les oreilles et enfin la langue que l'on met sur le gril, panée et sous une sauce appropriée. On sert avec chacun des morceaux ci-dessus désignés une portion de la cervelle qu'on puise dans le crâne, dont la partie supérieure a dû être enlevée avant d'être servie sur la table ; on sert les yeux avec la cuillère ; on coupe proprement les bajoues, les tempes et les oreilles; on ne porte jamais le couteau dans une tête de veau, mais bien la truelle et la cuillère.

La noix, les fricandeaux, les riz, se servent toujours à la cuillère.

GIGOT DE MOUTON. — Il est essentiel de le bien couper, puisque de la dissection dépend souvent sa tendreté.

Il y a deux manières de découper un gigot de mouton. La première, c'est, tenant le manche de la main gauche, de couper perpendiculairement les tranches, depuis la jointure jusqu'aux os du filet, ensuite la souris, puis, retournant le gigot, de détacher les parties de derrière.

La deuxième consiste à tenir toujours le manche de la main gauche et couper horizontalement par tranches minces.

CARRÉ DE MOUTON. — Il se coupe et se sert absolument de la même manière que le carré de veau.

L'AGNEAU ET LE CHEVREAU. — Ces deux animaux, quoique d'espèce différente, se dissèquent de la même manière.

On divise chaque quartier soit en côtelettes, soit en doubles côtelettes : on sépare les deux cuisses, et l'on coupe les gigots par tranches.

COCHON DE LAIT. — On le sert presque toujours rôti. On coupe la tête pour la séparer en deux, puis on la divise par carrés. On coupe ensuite l'épaule et la cuisse gauche, puis l'épaule et la cuisse droite, après quoi il faut lever la peau afin de la servir croquante.

Le marcassin se coupe et se sert comme le cochon de lait.

DE LA VOLAILLE ET DU GIBIER.

Les principales parties de la volaille sont le cou, les deux ailes, les deux cuisses, l'estomac, le croupion, la carcasse.

Les poulets, chapons, poulardes, se dissèquent en prenant l'aile de la main gauche, ou avec une fourchette ; on prend de la main droite le couteau pour couper la jointure de l'aile, et on achève de la main gauche, en tirant l'aile ; ensuite on lève, du même côté, la cuisse, en donnant un coup de couteau dans les nerfs de la jointure, et on la tire de la même façon, avec la main gauche. La même opération se pratique pour l'autre côté. On coupe ensuite l'estomac, la carcasse et le croupion ; on divise chaque cuisse en deux, chaque aile en trois ; on laisse les blancs entiers, et on tâche de faire six morceaux bien séparés de la carcasse et du croupion.

L'oie, servie sur le dos, se coupe en filets, formés de la chair des ailes et de l'estomac, jusque vers le croupion. On lève ainsi huit filets, composant autant de lanières.

Le canard rôti se découpe, comme l'oie, eu aiguillettes, que l'on multiplie le plus possible, aux dépens des ailes et même des cuisses.

La bécasse et la bécassine se découpent comme les volailles ordinaires, c'est-à-dire qu'on enlève les ailes, les cuisses, et qu'on sépare ensuite le croupion de la carcasse.

Quant à la perdrix et aux perdreaux, ils se coupent comme la plupart des volailles. Le faisan rôti se coupe absolument comme la poularde. Le pigeon rôti, quand il est gros, peut se couper en quatre, autrement on ne le coupe qu'en deux portions, dont l'une, composée des deux ailes, est le chérubin, et l'autre, dont les deux cuisses font partie, est la culotte. Il arrive quelquefois qu'on les coupe longitudinalement, de façon que chacune des deux moitiés renferme la cuisse et l'aile.

Le lièvre, le lapin et le lapereau se coupent, à peu de chose près, de même.

Le lièvre ne se sert que de trois quarts, piqué ou bardé : la partie la plus délicate est le râble, que l'on coupe depuis l'épaule jusqu'à la naissance de la cuisse, ensuite l'os du râble. On coupe en forme d'entonnoir la partie supérieure et charnue des cuisses; on lève ensuite avec dextérité la queue, avec un peu de chair adhérente.

DES POISSONS DE MER ET D'EAU DOUCE.

Les poissons en général se servent avec la truelle d'argent ou la cuillère.

TURBOT. — Ce poisson, l'un des princes de la mer, se sert quelquefois comme *rôti*. Après avoir décrit une croix sur son ventre au moyen d'une truelle bien effilée, on tire des lignes transversales depuis le milieu jusqu'aux barbes, on lève ensuite, soit avec la cuillère, soit avec la truelle, les morceaux compris entre ces lignes; le ventre servi, on enlève l'arête pour servir le dos, moins délicat que le ventre.

TRUITE. — On trace une ligne depuis le dessous de la tête jusqu'à un pouce de la queue, et d'autres lignes qui partent de cette dernière et se terminent à la circonférence du poisson. On lève adroitement les morceaux compris entre ces lignes, et on les sert aux convives. Lorsque le ventre est servi on retourne la truite pour en servir le dos en procédant de la même manière.

BROCHET. — C'est un véritable tyran d'eau douce. On commence par séparer la tête du tronc; cette tête est assez délicate. Et puis, après avoir tiré une ligne de la tête à la queue, assez profonde pour attaquer l'arête et l'enlever, on divise les côtes de manière à ce que chaque morceau contienne du ventre et du dos.

SAUMON. — Il se sert de la même manière que la truite et le brochet.

CARPE. — On lui coupe la tête, on lève la peau et on lui tire une ligne du sommet de la queue que l'on divise par d'autres lignes transversales.

Le dos, chez la carpe, est préférable à l'estomac.

ALOSE. — Se sert avec la truelle ou la cuillère comme la carpe.

SOLE. — Frite ou au gratin; elle se sert toujours à la cuillère.

BARBEAU. — Se sert comme la carpe s'il est au bleu, et comme la sole s'il est frit.

DU BŒUF.

Le bœuf se mange du premier janvier au trente-un décembre, et est bon toute l'année. Les meilleurs sont ceux dont les chairs sont foncées et couvertes de graisse. Les parties préférables sont le filet, l'aloyau, le gîte à la noix, la culotte, la tranche et les entre-côtes : le paleron ou épaule, le collet, le flanchet et la tête sont les morceaux les moins estimés. On peut laisser mortifier le bœuf quatre jours en hiver, deux dans le printemps et l'automne et dans l'été, suivant les chaleurs et l'exposition des vents où vous mettez la viande. Sa chair, riche en fibrine, est tonique et très-nourrissante ; le bouillon qu'on en retire se digère d'autant mieux qu'il n'est ni trop réduit ni trop gras.

BŒUF A LA MODE. — *Entrée.* — Piquezle avec du gros lard : mettez-le dans une casserole garnie de couennes, de jarrets de veau et de beurre avec bouquet garni, épices, carottes, gousses d'ail, clous de girofle, ognons ; mouillez d'un verre d'eau, autant de bon vin et laissez cuire à l'étouffée.

La tranche et le gîte à la noix sont les morceaux auxquels on devra donner la préférence.

Il faut quatre heures pour cuire un bœuf à la mode, à petit feu et bien étouffé.

BŒUF EN PERSILLADE. — *Entrée.* — Hachez demi-gousse d'ail, ciboules et persil,

que vous jetterez dans du bouillon avec épices;
divisez cet assaisonnement en deux parties, et
mettez au milieu des tranches de bœuf cuit dans
le pot-au-feu, saupoudrez de chapelure, faites
bouillir vingt-cinq minutes, et servez avec câpres, champignons ou pommes de terre sautées
autour.

BŒUF EN MIROTON. — *Entrée.* —
Coupez des ognons en tranches, passez-les sur
le feu avec un morceau de beurre, ajoutez une
cuillerée de farine et remuez jusqu'à ce qu'elle
prenne couleur; mouillez avec bouillon, sel,
poivre; faites bouillir jusqu'à ce que la sauce
soit tarie, coupez par tranches votre bœuf cuit
dans la marmite; mouillez avec bouillon et
faites cuire à petit feu pendant une demi-heure,
et servez à courte sauce.

BŒUF BOUILLI ET DESSERVI. —
Entrée. — Il se sert à toutes sauces : piquante,
Robert, aux cornichons, etc.

BŒUF A LA ROYALE. — *Entrée.* —
Lardez un morceau de tranche avec persil,
ciboule, champignons, ail, le tout haché avec
sel et poivre; faites cuire dans son jus; ajoutez
une cuillerée à bouche d'eau-de-vie, et servez
froid.

ALOYAU ROTI. — *Rôt.* — Faites mariner dans de l'huile d'olive et du vin rouge
votre aloyau salé et poivré; arrosez-le de sa
marinade que vous passerez ensuite au tamis
avant de servir; on peut y ajouter une sauce
aux échalottes hachées, avec un filet de vinaigre.

ALOYAU A LA GODARD. — *Entrée.* —

Piquez le de gros morceaux de lard, ficelez votre pièce, le filet mignon en dessus, de manière qu'il ait une bonne forme. Mettez-le dans une braisière avec lard, carottes, ognons, clous de girofle, ail, laurier et sel. Mouillez le tout avec vin blanc et bouillon; faites bouillir pendant six heures au milieu des cendres chaudes et avec du feu sur le couvercle de votre braisière. Quand votre viande sera cuite à point, vous l'égoutterez, la dégraisserez et la laisserez refroidir. Parez votre pièce, placez-la de nouveau dans la braisière, et faites-la mijoter avec une partie du fond de cuisson clarifié et réduit à consistance de glace; au bout de deux heures environ, faites prendre couleur et retirez votre aloyau; placez-le sur le plat entouré de riz de veau, champignons, culs d'artichauts, et mouillez le tout avec une sauce à l'espagnole.

FILET DE BŒUF A LA BROCHE. —

Relevé. — Vous le dégraissez et le parez proprement; vous le piquez de lard par-dessus, aux deux extrémités, et laissez le milieu sans être piqué, car il y a des personnes qui n'aiment point le lard. Vous le faites mariner pendant un jour avec de l'huile, ognons, persil, jus de citron, canelle et aromates; servez avec une sauce hachée.

FILET DE BŒUF A LA SAUCE TO-MATE OU A LA CHICORÉE. — *Entrée.*

— Même préparation que celle du filet à la broche, servez avec sauce tomate ou chicorée.

BIFTECK. — *Entrée.* — Faites mariner des tranches de filet de bœuf dans huile, ognons par tranches et épices; qu'elles cuisent ensuite sur le gril à feu vif, et soient servies sur du beurre manié de persil, avec jus de citron.

On fait cuire toutes sortes de biftecks de la même manière; mais on met de plus dans le plat, selon les goûts, du *cresson*, des *pommes de terre frites*, du *beurre d'anchois*, etc.

ENTRE-COTE DE BŒUF. — *Entrée.* — Même préparation et même cuisson que les biftecks; servez avec sauce piquante, à la maître d'hôtel ou aux cornichons.

LANGUE DE BŒUF A L'ÉCARLATE. — *Relevé.* — Frottez la langue avec deux onces de salpêtre en poudre, mettez la dans un vase avec sel, poivre, bouquet garni et épices; laissez mariner pendant dix ou douze heures, après quoi vous ferez dégorger et cuire à petit feu dans un tiers de sa marinade avec carottes, ognons, clous de girofle et assez d'eau pour qu'elle baigne; retirez du feu au bout de trois heures, laissez refroidir dans sa sauce et servez.

LANGUE DE BŒUF AUX FINES HERBES. — *Entrée.* — Arrangez sur un plat câpres, persil, ciboules, échalotes hachés très-fin, avec un peu de bouillon, filet de vinaigre, épices et chapelure. Mettez sur le tout des tranches de langue de bœuf, et faites bouillir à petit feu jusqu'à ce que vous obteniez un gratin au fond du plat.

LANGUE DE BŒUF EN PAPILLOTES. — *Entrée.* — Faites cuire dans une marmite, ôtez la peau, et laissez refroidir; coupez en tranches en forme de cœur. Vous préparez une sauce pareille à celle que l'on emploie pour la côtelette de veau en papillotte; vous en mettez une certaine quantité dessus et dessous chaque tranche de langue qu'on empapillote avec du papier fort et bien huilé ; on fait ensuite griller ces papillottes sur un feu doux, et on les sert chaudes, dressées en miroton sur le plat.

LANGUE DE BŒUF AU PARMESAN.

— *Entrée.* — Faites blanchir et cuire dans du bouillon bien assaisonné ; ôtez la peau, coupez la langue par tranches et mettez-la dans une casserole avec un verre de vin de Champagne et deux cuillerées de coulis ; faites bouillir jusqu'à ce qu'il n'y ait presque plus de sauce ; mettez la moitié de cette sauce dans un plat ; râpez dessus du parmesan, étendez-y vos tranches ; mettez par dessus le reste de la sauce, couvrez d'autre parmesan ; faites glacer au four, ou sur un couvercle de tourtière.

PALAIS DE BŒUF A LA MÉNAGÈRE.

— *Entrée.* — Après les avoir nettoyés et fait cuire dans l'eau pour en enlever la peau dure, on les coupe par filets, on fait roussir ensuite de l'ognon dans du beurre ; quand il est à moitié cuit, on y joint les palais de bœuf, et on mouille le ragoût avec du jus, ou , à son défaut, avec du bouillon, un bouquet garni, épices et pommes de terre coupées par tranches. Faites réduire la sauce et servez avec un peu de moutarde.

GRAS DOUBLE GRILLÉ — *Entrée.* —

La partie la plus épaisse du gras double est la meilleure. Après l'avoir bien nettoyé, vous le faites cuire à l'eau avec carottes, ognons, persil, thym, laurier, girofle, sel et gros poivre. Quand il est cuit, vous l'égouttez, le coupez en morceaux de la grandeur d'un pouce carré, et le couvrez de beurre frais fondu ou d'huile, avec persil, ciboule, un peu d'ail haché très-fin, sel et poivre; vous le panez de mie de pain, le faites griller et le servez avec une sauce piquante.

GRAS DOUBLE A LA LYONNAISE. — *Entrée*. — Même préparation et même cuisson que ci-dessus. Seulement vous le faites revenir dans la poêle avec beurre, gros sel et persil haché. Lorsqu'il commence à cuire, vous y ajoutez tranches d'ognon coupées très-minces, demi-cuillerée d'huile d'olive, un peu d'ail, et servez bien chaud.

QUEUE DE BŒUF. — *Entrée*. — Faites dégorger à l'eau tiède et la placez sur des bardes de lard dans une casserole avec bouquet garni, sel, poivre, épices, ognons, carottes, navets, céleri; faites cuire et passez au tamis, servez sous la purée que vous produiront les légumes.

CERVELLES DE BŒUF EN MATELOTE. — *Entrée* — Faites-les dégorger; qu'elles cuisent dans le vin avec bouquet garni, épices et ognons; passez-les au tamis; faites roussir de petits ognons dans le beurre avec pincée de farine, mouillez avec le bouillon des cervelles et joignez-y des champignons. Servez le tout dans le même plat.

CERVELLE DE BŒUF MARINÉE. — *Rôt*. — Faites tiédir une marinade de beurre, farine, épices, persil, ail, quart de vinaigre et d'eau, mettez-y la cervelle coupée par tranches et retirez-la au bout de deux heures, saupoudrez de farine, faites frire et servez garni de persil frit.

ROGNONS DE BŒUF AU VIN BLANC.

— *Entrée*. — Coupez-les par tranches minces, saupoudrez de farine et passez-les au beurre dans la poêle avec sel, poivre et bouquet garni ; mouillez de vin blanc, faites faire un bouillon et servez.

FOIE DE BŒUF SUR LE GRIL. —

Entrée. — Coupez-le par tranches minces, saupoudrez de sel et poivre ; faites griller légèrement et servez avec beurre manié de persil entre chaque tranche.

CŒUR DE BŒUF A LA POIVRADE.

— *Entrée*. — On le fait mariner en tranches coupées minces pendant vingt-quatres heures, faites griller et servir sur une sauce à la poivrade.

MOELLE DE BŒUF. — On l'emploie

pour faire des farces, des petits pâtés, des tourtes, et à nourrir des cardons et autres légumes.

DU VEAU.

La chair du veau est blanche, gélatineuse, tendre et rafraîchissante. Elle nourrit moins que la chair du bœuf et du mouton. Les estomacs paresseux la digèrent difficilement ; les morceaux qui servent à la broche sont le carré ou longe avec son rognon, le morceau qui tient au carré et le quasi, mais rarement ce dernier.

TÊTE DE VEAU AU NATUREL. —

Relevé. —Echaudez-la, faites-la dégorger, puis vous la plongerez dans l'eau bouillante pendant une demi-heure au moins, en écumant avec soin ; retirez et faites rafraîchir à l'eau froide ; enlevez la mâchoire supérieure jusqu'à l'œil ; désossez aussi le sommet de la tête ; rapprochez les chairs de manière que la tête conserve sa forme.

Enveloppez dans une serviette avec des ronds de citron ; délayez dans de l'eau, de la farine, du beurre, lard rapé, ognons, panais, carottes, bouquet garni, sel et poivre. Mettez la tête dans cette eau, lorsqu'elle sera bouillante, écumez et servez avec une sauce à part.

TÊTE DE VEAU EN TORTUE. —

Entrée. — Prenez ce qui reste d'une tête de veau cuite de la veille ; passez dans du beurre des champignons, des crêtes et rognons de coq, des riz de veau, ajoutez un peu de farine ; mouillez le tout avec du bouillon et deux verres de vin de Madère ; mettez sel, poivre et piment ; faites cuire et réduire ; garnissez les morceaux de six œufs frais pochés ou frits, d'une douzaine de belle truffes, d'autant d'écrevisses, de quelques riz de veau et culs d'artichauts ; versez votre sauce bien liée, et servez chaud.

TÊTE DE VEAU FRITE. — *Rôt*. — Ce

sont aussi les restes de la tête de veau que l'on fait frire par morceaux dans la poêle. La friture doit être modérément chaude. On peut également faire frire la cervelle et les yeux.

LANGUE DE VEAU. — *Entrée*. — Elle

s'accommode comme celle du bœuf.

CERVELLES DE VEAU EN MATE-LOTE. — *Entrée.*

— Faites dégorger deux cervelles de veau, enlevez la peau qui se trouve à la surface, faites les cuire avec bouillon, vin, sel et poivre; faites roussir une demi-cuillerée de farine dans du beurre, et passez-y des champignons et des petits ognons; mouillez avec la cuisson des cervelles, ajoutez sel, poivre et bouquet garni; faites réduire la sauce, et servez.

CERVELLES DE VEAU BRAISÉES. — *Entrée.*

— Faites blanchir à l'eau bouillante, avec un peu de vinaigre, deux cervelles dégorgées et épluchées; mettez au fond d'une casserole des bardes de lard; mouillez avec vin blanc, ajoutez carottes coupées, ognons, clous de girofle, bouquet garni, sel et poivre; faites cuire à très-petit feu.

CERVELLES DE VEAU FRITES. — *Rôt.*

— Coupez en morceaux des cervelles cuites comme pour la matelote ou braisées, ces dernières sont préférables; trempez-les dans une pâte à frire, après les avoir saucées dans un peu de vinaigre, sel et poivre, et jetez-les dans une friture modérément chaude, servez avec du persil frit par-dessus.

OREILLES DE VEAU.

— On les prépare de plusieurs façons, et elles se servent avec différentes sauces : frites, on les fait cuire comme la tête de veau et on les coupe par filets; on les sert aussi panées et farcies.

FRAISE DE VEAU AU NATUREL. — *Hors-d'œuvre.*

— Vous la coupez par morceaux et la faites dégorger dans l'eau froide, puis blanchir à l'eau bouillante; vous la mettez ensuite dans une casserole, avec un morceau de beurre, un bouquet garni, sel et poivre ; passez-la sur le feu, mettez une pincée de farine, et mouillez avec du bouillon. Le ragoût cuit, vous y ajoutez une liaison de trois jaunes d'œufs délayés avec un peu de lait ; vous faites lier sur le feu, et au moment de servir vous y versez un filet de verjus.

FRAISE DE VEAU FRITE. — Faites-la blanchir dans l'eau bouillante ; laissez égoutter puis coupez-la par morceaux que vous tremperez dans une pâte composée de farine, jaunes d'œufs, peu d'eau-de-vie ; faites frire et servez avec persil frit.

FOIE DE VEAU A LA BROCHE. —*Entrée.* — Avant de le mettre à la broche, on le pique de petit lard, et on le sert avec une sauce faite de ce qui se trouvera dans la lèchefrite, avec échalottes, épices, fines herbes et bouillon.

FOIE DE VEAU A LA BOURGEOISE. — *Entrée.* —Lardez-le et faites-le cuire à petit feu dans la casserole avec tranches de lard, demi-verre d'eau, bouquet garni, ognon piqué de trois clous de girofle, demi-verre de vin et épices.

FOIE DE VEAU A LA POÊLE.—*Entrée.* — Faites légèrement roussir des tranches de foie de veau dans la poêle, avec persil et cibjoules hachés ; ajoutez un morceau de beurre et une pincée de farine ; mouillez avec un demi-verre de vin, cuillerée de vinaigre et bouillon, épicez et laissez cuire quelques minutes.

FOIE DE VEAU A L'ITALIENNE. —

Entrée. — On le coupe en filets minces, on en met une couche au fond d'une moyenne casserole, on assaisonne cette première couche avec du sel, du gros poivre, de l'huile et un peu de fines herbes qui se composent de persil, ciboule, champignons, une demi-gousse d'ail, deux échalotes, le tout haché très-menu, et d'une demi-feuille de laurier, du thym et du basilic réduits en poudre; on continue de cette façon jusqu'à ce qu'on ait employé tout le foie, en assaisonnant chaque couche comme la première; on le fait cuire à petit feu pendant une heure; ensuite on le retire de la casserole avec une écumoire, on dégraisse la sauce, on y met un très-petit morceau de beurre manié de farine, avec une demi-cuillerée à bouche de verjus ou un filet de vinaigre; on fait lier la sauce sur le feu, en la tournant avec une cuillère; si elle est trop courte, ou y ajoute un peu de jus; on met le foie dans la sauce pour le faire réchauffer.

PIEDS DE VEAU AU NATUREL. — *Hors d'œuvre.* — Après les avoir blanchis, faites-les cuire dans une marmite; servez-les avec une sauce composée de vinaigre, bouillon, sel, poivre et fines herbes hachées.

PIEDS DE VEAU FRITS. — *Rôt.* — Fendez en deux quatre pieds de veau, faites-les cuire dans une eau blanchie avec deux cuillerées de farine; quand ils sont cuits faites-les mariner, au bout d'une heure vous les retirez, les couvrez de farine et les faites frire; servez-les avec du persil frit.

RIS DE VEAU. — Faites-les dégorger à l'eau tiède, puis blanchir à l'eau bouillante pour les employer dans les ragoûts,

RIS DE VEAU EN FRICANDEAU. —

Entrée. — Faites dégorger et blanchir deux ris de veaux; ôtez le cornet. Piquez-les de lard fin roulé dans les fines herbes, et mettez-les dans une casserole; enveloppez dessus et dessous de bardes de lard; mouillez avec bouillon et vin blanc; assaisonnez de sel et poivre, bouquet garni, quelques tranches de citron dont on ôte le blanc et les pépins, faites cuire à très-petit feu. Retirez les ris lorsqu'ils sont cuits; passez la cuisson, faites-la réduire, et lorsqu'il n'y en a presque plus, passez-y les ris de veau du côté du lard pour les glacer, servez sur une purée d'o-seille.

RIS DE VEAU A LA SAUCE TOMATE.

— *Entrée.* —Faites-les cuire comme ci-dessus, et servez avec une sauce tomate un peu épaisse.

On peut les servir aussi avec de la chicorée ou une purée de lentilles, etc.

RIS DE VEAU EN CAISSE. — *Entrée.*

— Coupez en tranches des ris de veau cuits comme pour le fricandeau, mais non lardés; saucez-les dans une marinade composée d'huile, jus de citron, verjus ou vinaigre, fines herbes hachées, sel et poivre; faites une caisse de fort papier; huilez-en le fond; placez dedans vos ris de veau; dorez le dessus avec du beurre, et panez avec de la mie de pain; répétez une seconde fois cette opération; mettez la caisse sur un gril avec des cendres chaudes par dessous; couvrez avec le four de campagne pour faire prendre couleur par dessus, ou présentez-y une pelle rouge.

RIS DE VEAU PIQUÉS. — *Entrée.* —

On pique de lard ses ris, on les fait cuire au

four dans une bonne réduction, pendant trois quarts d'heure, on les glace d'une belle couleur, et on les met sur de l'oseille ou de la chicorée à la crème.

ROGNON DE VEAU. — On le fait cuire à la broche pour s'en servir à faire des farces; on le hache avec la graisse; on y met persil, ciboule, champignons hachés séparément; on lie cette farce avec des jaunes d'œufs et on l'assaisonne. C'est avec de cette farce que se font les rôties de tourtes, les canelons; elle sert également pour tous les ragoûts où il entre de la farce. On en fait aussi des omelettes.

VEAU ROTI. — *Rôt.* — Piquez-le de lard et faites rôtir à petit feu. Le veau demande à être bien cuit sans être déséché. Appliquez sur sa surface, mais légèrement, une pelle rouge afin de crisper les chairs et conserver ses sucs à l'intérieur.

VEAU ROTI AUX FINES HERBES. — *Rôt.* — On fait mariner un carré de veau pendant trois heures avec des champignons, ciboules, persil, échalotes, thym et laurier qu'on hache très-fin, et qu'on passe dans l'huile saupoudrée de poivre et de muscade râpée. Quand le carré est embroché, on met dessus tout l'assaisonnement; on l'enveloppe de papier bien beurré; on fait cuire à petit feu. On retire une partie de l'assaisonnement, qu'on met dans une casserole avec un peu de jus, quelques gouttes de vinaigre ou verjus, sel et poivre, et on lie cette sauce au moyen d'un petit morceau de beurre manié de farine au moment de servir.

CARRÉ DE VEAU A LA BOURGEOISE.

— *Entrée*. — Mettez dans une casserole foncée votre carré lardé avec du petit lard manié de fines herbes, ajoutez par dessus ognons coupés en tranches, carottes, sel et poivre, un demi-verre d'eau-de-vie, et faites cuire à petit feu.

POITRINE DE VEAU FARCIE. — *Entrée*.

— Après avoir coupé le bout des os des côtes qui se trouvent dans la poitrine, on fait une incision entre la peau et les côtes pour y introduire telle farce de viande que l'on juge à propos; on coud la peau afin que la farce ne puisse s'écouler; on la sert avec sauce ou ragoût de légumes, comme à la farce aux laitues, aux petits pois, aux cornichons, aux racines, etc.

POITRINE DE VEAU AUX PETITS POIS. — *Entrée*.

— Coupez par morceaux et faites blanchir; faites revenir dans le beurre, et ajoutez de la farine; mouillez avec du bouillon; assaisonnez avec poivre et bouquet garni; lorsque la poitrine est à moitié cuite, ajoutez les pois et un morceau de sucre; au moment de servir, mettez une liaison de trois jaunes d'œufs délayés avec de la crème.

TENDONS DE VEAU EN MATELOTE.

— *Entrée*. — Faites-les roussir dans le beurre; ajoutez vin et eau, de chacun un verre, avec épices et bouquet garni; quand ils sont presque cuits, mettez champignons et petits ognons roussis; achevez de cuire à grand feu, dégraissez avant de servir.

COTELETTES DE VEAU EN PAPILLOTES. — *Entrée*.

— Garnissez-les des deux

côtés d'une farce composée de mie de pain,
lard, persil, ciboules, champignons, le tout haché fin, sel, poivre ; recouvrez d'une mince
barde de lard, enveloppez avec soin d'un bon
papier beurré ou huilé ; faites cuire à petit feu,
et servez avec le papier.

COTELETTES DE VEAU AUX FINES HERBES. — *Entrée.* — Faites fondre un morceau de beurre, et mettez-y vos côtelettes avecsel, poivre, épices, santez-les dans le beurre ; ajoutez fines herbes et champignons hachés, et un filet de vinaigre au moment de servir.

COTELETTES DE VEAU AU NATUREL. — *Entrée.* — Saupoudrez-les de poivre et de sel, trempez-les dans du beurre fondu, mettez sur le gril, et servez avec une sauce piquante.

COTELETTES DE VEAU AU LARD. — *Entrée.* — Mettez dans le fond d'une casserole du petit lard coupé en tranches, un peu de beurre, et les côtelettes par-dessus ; faites cuire à petit feu ; ajoutez persil, échalottes hachés, du gros poivre ; faites un peu réduire ; au moment de servir, mettez une liaison de trois jaunes d'œufs, et un jus de citron ou filet de vinaigre.

FILETS DE VEAU A LA PROVENÇALE. — *Entrée.* — Coupez en filets minces du veau cuit à la broche et froid, mettez-les dans une sauce composée de beurre manié de farine, persil, ciboule, échalottes, ail, le tout haché ; demi-verre d'huile, sel, poivre, épices, et jus de citron, faites chauffer sans bouillir.

FRICANDEAU. — *Entrée.* — Faites cuire
dans une casserole, avec carottes, bouquet garni, épices et trois verres de bouillon, une noix
de veau piquée très-fin; faites réduire la sauce,
et servez-la sous le fricandeau avec une farce
d'oseille, d'épinards, etc. Le fricandeau se sert
aussi sur sa sauce délayée dans du bouillon.

BLANQUETTE DE VEAU. — *Entrée.*
— La blanquette se compose du restant d'un
rôti de veau à la broche coupé par tranches
minces. Mettez les morceaux dans une casserole
où vous avez fait fondre du beurre, avec une
pincée de farine sans roussir, sel, poivre, bouquet de persil et ciboules, un peu de laurier;
faites revenir le tout ensemble, et mouillez
avec du bouillon, faites bouillir doucement, servez à courte sauce avec une liaison de jaunes
d'œufs et filet de vinaigre.

NOIX DE VEAU DANS SON JUS. —
Entrée. — Parez et piquez l'intérieur de gros
lard assaisonné; mettez-la dans la casserole avec
un morceau de beurre, sur un feu doux; mouillez avec de l'eau ou du bouillon; ajoutez du sel
et une feuille de laurier, faites cuire à petit feu,
dégraissez et liez la sauce avec de la fécule.

**EPAULE DE VEAU A LA BOUR-
GEOISE.** — *Entrée.* — Mettez dans une
casserole, avec vinaigre, sel, poivre, ciboules,
une gousse d'ail, thym, laurier, ognons et carottes coupées en tranches; ajoutez un morceau de beurre, et mouillez d'un verre de
bouillon; laissez sur le feu trois heures, dégraissez la sauce, passez-la au tamis, et servez.

7

MOU DE VEAU EN MATELOTE. —

Entrée. —Faites dégorger et cuire à moitié dans l'eau avec sel, poivre, vinaigre, ognons; faites revenir du lard et des petits ognons dans une casserole avec une cuillerée de farine, pour faire un roux; mettez un verre de vin et autant d'eau, bouquet garni, mettez-y le mou et achevez de cuire; dégraissez et servez.

QUEUES DE VEAU A LA REMOULADE. — *Entrée.* — Faites-les cuire avec bouillon, vin et épices; panez-les et faites-les griller, en arrosant légèrement d'huile.

QUEUE DE VEAU EN HOCHEPOT. — *Entrée.* — Elle s'accommode comme la queue de bœuf, à la seule différence qu'on met les légumes en même temps que la viande, parce que le veau n'est pas dur à cuire.

QUEUE DE VEAU A LA SAINTE-MÉNEHOULD. — *Entrée.* — *Voyez* Queue de bœuf, la manière de l'arranger étant la même.

QUASI DE VEAU GLACÉ. — *Entrée.* —Piquez-le de lard d'un côté; faites-le cuire comme pour le fricandeau, et réduire la cuisson après l'avoir dégraissée; mettez-y le quasi, le lard en dessous pour prendre place; lorsqu'il est cuit, retirez-le; versez un peu de bouillon et de vin dans la casserole, pour en détacher la glace qui y reste; ajoutez câpres, cornichons, et versez sous le quasi.

ROUELLE DE VEAU DANS SON JUS. — *Entrée.* —Lardez de lard, et passez au beurre pour lui faire prendre couleur; faites cuire

à petit feu dans son jus; dégraissez avant de servir.

VEAU EN PAUPIETTES. — *Entrée.* —

Coupez du veau en tranches minces; aplatissez chaque morceau avec le couperet, et couvrez de godiveau ou de toute autre farce de viande; roulez chaque paupiette; couvrez-la d'une barde de lard ficelée; embrochez avec un hatelet; couvrez de papier et couchez le hatelet sur la broche pour le faire cuire; passez ensuite les paupiettes par-dessus les bardes de lard, et faites-leur prendre couleur à un feu clair; servez avec une sauce piquante,

---

DU MOUTON.

Sa chair est ferme, succulente et plus facile à digérer que celle du bœuf. La qualité du mouton varie suivant l'âge de l'animal; on doit le manger quand il a atteint cinq ans, plus tard, il est dur et coriace.

Les meilleurs et les plus estimés sont ceux des Ardennes.

GIGOT DE MOUTON ROTI. — *Rôt.*

— Parez le manche et le bout du gigot; contenez-le fixement sur la broche, et ne le présentez qu'à un feu vif. Le mouton, comme le bœuf qu'on fait rôtir, doivent être saisis d'abord par le feu : il ne faut pas les laisser languir à la broche; mettez dans la lèchefrite du beurre fondu, un peu de vinaigre et de sel; arrosez

souvent. Si on aime l'ail, mettez-en une gousse
sous la peau près du manche. Le temps que doit
durer la cuisson est de une heure et demie
à deux heures.

GIGOT A L'EAU. — *Entrée*. — Retirez
l'os du manche, lardez le gigot, ficelez-le, et
faites-lui prendre couleur dans une casserole
garnie de bardes de lard avec bouquet garni et
épices; ajoutez ensuite trois demi-setiers d'eau
et un de vin blanc; faites cuire à petit feu pendant cinq heures; servez avec le jus.

GIGOT BRAISÉ. — *Entrée*. — Rognez
le manche et piquez-le de lardons; assaisonnez
comme ci-dessus; mettez au fond de la braisière des bardes de lard maigre, quelques tranches de mouton ou des parures de viande; posez
le gigot par-dessus; ajoutez carottes, ognons et
bouquet garni; assaisonnez de sel, poivre et
muscade râpée; couvrez avec des bardes de
lard; mouillez avec une cuillerée à pot de bouillon;
faites cuire à très-petit feu pendant six ou sept
heures; servez avec la cuisson réduite.

ÉMINCÉ DE MOUTON AUX CORNI-
CHONS. — *Entrée*.— Émincez les chairs d'un
gigot rôti et froid, mettez-les réchauffer dans
un roux mouillé de bouillon, avec épices; ajoutez à cette sauce, au moment de servir, des
cornichons en tranches.

FILET DE MOUTON ROTI. — *Rôt*. —
Mettez-le à la broche, piqué de petit lard, et
servez dans son jus.

CARRÉ DE MOUTON A LA BOUR-
GEOISE. — *Entrée*. — Faites cuire dans la

casserole avec bouillon, vin blanc, bouquet garni et épices. Quand il est cuit, on le retire et l'on fait réduire la sauce, à laquelle on ajoute un morceau de beurre manié de farine, et du persil haché, avec filet de vinaigre; servez-le avec telle garniture que vous jugerez convenable.

COTELETTES DE MOUTON GRILLÉES. — *Hors-d'œuvre.* — Contrairement à l'usage, n'aplatissez pas vos côtelettes. Saupoudrez-les de sel et de poivre; faites cuire à feu vif, pour que leur suc soit bien concentré, et servez sans autre apprêt.

COTELETTES DE MOUTON PANÉES. — *Hors-d'œuvre.* — Les côtelettes étant parées, passez-les à l'huile, après les avoir saupoudrées de sel, de poivre et de girofle en poudre. Panez-les ensuite; laissez-les sur le gril pendant dix minutes, servez-les au naturel ou avec une sauce aux fines herbes.

COTELETTES DE MOUTON A LA PURÉE D'OGNONS. — *Entrée.* — Passez au beurre des côtelettes après les avoir parées; mouillez avec du bouillon; ajoutez carottes, ognons, bouquet garni, sel, poivre et clous de girofle; faites cuire à très-petit feu; dressez-les sur le plat en couronne, et mettez au milieu une purée d'ognons.

COTELETTES A LA PURÉE D'OSEILLE OU DE LENTILLES. — *Entrée.* — Faites cuire comme ci-dessus, dressez de même, avec une purée d'oseille ou de lentilles.

COTELETTES DE MOUTON A LA

7*

POÊLE. — *Entrée.* — Mettez dans la poêle vos côtelettes et un morceau de beurre frais ; faites cuire à petit feu ; égouttez ; mouillez de bouillon ; jetez épices, fines herbes, échalotes, cornichons hachés, et servez avec un jus de citron.

ÉPAULE DE MOUTON BRAISÉE. —

Entrée. — Cassez les os par-dessous avec le dos d'un couperet, et faites-la cuire dans une braise comme le gigot (*voyez* pag. 80) ; on la sert de même, soit glacée avec sa cuisson réduite, soit sur de la chicorée, des épinards ou une purée d'ognons.

ÉPAULE DE MOUTON ROTIE. — *En-*

trée. — Piquez de branches de persil passées dans de l'huile d'olive où vous aurez haché des fines herbes, des échalotes, une gousse d'ail et un peu de girofle en poudre. Embrochez, arrosez et ne laissez pas trop cuire.

HARICOT DE MOUTON. — *Entrée.* —

Coupez en morceaux une épaule ou un carré ; faites roussir une cuillerée de farine avec du beurre ; faites-y revenir votre viande ; mouillez avec du bouillon ; assaisonnez de sel, poivre, bouquet garni et ognon piqué de clous de girofle ; dégraissez lorsque le mouton est à moitié cuit ; passez des navets au beurre, jusqu'à ce qu'ils aient pris une belle couleur, et mettez-les avec le mouton ; ajoutez, avant de servir, un peu de caramel.

POITRINE DE MOUTON FARCIE. —

Entrée. — Levez la peau, mettez entre elle et la chair une farce de telle viande que vous voudrez ; cousez la peau par-dessus ; faites cuire avec épices, bardes de lard, bouillon et bouquet garni; faites réduire et servez.

POITRINE DE MOUTON GRILLÉE.— *Entremets.*—Composez une braise de bouillon, assaisonnez d'épices, avec laurier, thym, basilic, persil, ciboules; faites-y cuire la poitrine de mouton; passez cette poitrine à l'huile; panez alors avec la mie de pain mélangée de persil et ciboule hachés; faites griller, et ajoutez une sauce piquante.

POITRINE DE MOUTON A LA PURÉE. — *Entrée.* — Faites cuire comme ci-dessus et servez sur *chicorée*, *laitues* ou *oseille.*

COLLET DE MOUTON—*Entrée.*— On le fait cuire dans une braisière avec du bouillon, sel, poivre et bouquet garni; on le sert avec un ragoût de navets, de concombres, de céleri, ou avec une sauce à la ravigotte.

HACHIS DE MOUTON. — *Entrée.* — Hachez fin, avec marrons grillés ou pommes de terre cuites; faites roussir une demi-cuillerée de farine avec du beurre; passez-y votre hachis; mouillez avec du bouillon, assaisonnez de sel, gros poivre et muscade râpée; laissez cuire à petit feu pendant une heure; au moment de servir, faites-y fondre un peu de beurre.

LANGUES DE MOUTON GRILLÉES.— *Entrée.*— Parez-les, et faites cuire dans la marmite; enlevez la peau, et fendez-les en deux, sans les séparer; saucez dans l'huile avec persil, champignons, ciboule, une pointe d'ail, le tout haché fin, avec sel et poivre. Panez de mie de pain, faites griller, et servez avec une sauce piquante.

LANGUES DE MOUTON BRAISÉES.

— Entrée. — Dégorgez les langues; parez-les; piquez avec lardons assaisonnés; foncez une casserole avec des bardes de lard et des parures de viande; arrangez les langues par-dessus; couvrez-les de bardes; ajoutez carottes, ognons, sel, poivre, clous de girofle, un bouquet garni et de la muscade râpée; mouillez avec du bouillon; faites cuire à très-petit feu pendant quatre heures au moins. La cuisson faite, dégraissez la sauce, liez-la avec un roux, ajoutez cornichons et câpres avant de servir.

LANGUES DE MOUTON AU GRATIN.

— Entrée. — Faites-les cuire avec bouillon, vin blanc, bouquet garni, échalotes, pointe d'ail, clous de girofle, sel et gros poivre.

Mettez au fond d'un plat une farce faite avec de la mie de pain, du lard râpé ou du beurre, deux jaunes d'œufs, persil et ciboule hachés, sel, poivre, et une cuillerée de bouillon, le tout bien mêlé ensemble; posez le plat sur les cendres chaudes pour faire attacher le gratin; égouttez le beurre ou la graisse; arrangez les langues sur le gratin, et versez la cuisson par-dessus.

PIEDS DE MOUTON A LA POULETTE.

— Entrée. — Mettez-les dans une marmite avec assez d'eau pour les couvrir. Joignez-y deux ognons, sel, poivre, bouquet garni, un ou deux clous de girofle. Laissez bouillir huit ou dix heures. Quand la cuisson est faite, retirez et ôtez une partie des os; mettez-les ensuite dans une casserole où vous aurez jeté un morceau de beurre manié de farine, et que vous aurez mouillé de bouillon; laissez mijoter une heure avec champignons, petits ognons, sel, poivre et mus-

cade, puis liez la sauce avec des jaunes d'œufs et servez avec filet de vinaigre.

PIEDS DE MOUTON FRITS. — *Hors-d'œuvre.* —

Préparés comme ci-dessus et désossés, faites-les bouillir pendant une heure dans un bouillon où vous aurez mêlé un peu de vinaigre, sel, poivre, épices, ail, laurier, clous de girofle, et un morceau de beurre manié avec de la farine. Laissez refroidir ; trempez dans des œufs battus ; panez, faites frire et servez garni de persil frit.

PIEDS DE MOUTON AU FROMAGE. — *Entrée.* —

Cuits et désossés comme ceux à la poulette, coupez-les en deux, passez-les à la casserole avec beurre, champignons, persil, ciboule, ail, clous de girofle, sel et poivre ; mouillez avec du bouillon ; faites réduire la sauce ; ajoutez un filet de vinaigre ; dressez et couvrez d'une farce de godiveau unie avec des œufs battus ; saupoudrez de mie de pain mêlée au fromage râpé, et faites prendre couleur au four de campagne.

QUEUES DE MOUTON BRAISÉES.— *Entrée.* —

Faites les cuire dans du bouillon ; ajoutez ognons, carottes, céleri, fines herbes, sel, poivre ; laissez cuire ; faites réduire la sauce, et servez sur une purée d'oseille, de lentilles, un ragoût de choux, de chicorée ou une sauce tomate.

QUEUES DE MOUTON FRITES. — *Entrée.* —

Cuites comme les précédentes, laissez-les refroidir, panez-les, faites-les frire ; quand elles sont ôtées de la poêle, faites frire du persil.

QUEUES DE MOUTON GRILLÉES. —
Entrée. — Cuites comme celles ci-dessus, laissez
refroidir. Passez-les dans des œufs battus ; panez
de mie de pain, faites griller à petit feu, et servez avec une sauce piquante.

CERVELLES DE MOUTON, — *Entrée.*
— Elles se préparent, s'accommodent exactement comme celles de veau. On les sert aussi en
matelote, à la rémoulade ou à la sauce tomate.

**ROGNONS DE MOUTON A LA BRO-
CHETTE. —** *Hors-d'œuvre.* — Fendez les
rognons par le milieu sur leur longueur ; per-
cez-les en dessous d'une brochette qui les traverse. Assaisonnez d'épices ; mettez-les sur le
gril, et servez à la maître-d'hôtel, avec un jus
de citron.

**ROGNONS DE MOUTON AU VIN
BLANC. —** *Entrée.* — Coupez-les par tranches
minces et accommodez comme le *rognon de
bœuf* (pag. 68).

AGNEAU.

Sa chair est blanche, tendre et gélatineuse ;
elle est indigeste si l'animal a été tué trop jeune.
Il faut, pour qu'elle soit bonne, que l'agneau
ait tété quatre à cinq mois au moins.

ISSUES D'AGNEAU AU PETIT LARD.
— *Entrée.* — On nomme *issues*, la tête, le

foie, le cœur, le mou et les pieds. Faites dégorger à l'eau tiède, et blanchir à l'eau bouillante; mettez cuire avec bouillon, petit lard coupé en tranches, bouquet garni, racines, ognons; faites infuser sans bouillir sur de la cendre chaude, persil, ciboule, laurier, ail, clous de girofle, échalotes, sel, poivre, deux cuillerées de vinaigre, un verre de bouillon, un peu d'huile d'olive; dressez les issues bien égouttées dans le plat que vous devez servir, la tête au milieu, la cervelle découverte, la fressure et les pieds autour, les morceaux de petit lard au-dessus; passez la sauce au tamis, mettez-la sur le ragoût ou dans une saucière.

TÊTE D'AGNEAU. — *Entrée.* — Désossée comme la tête de veau, faites-la blanchir et cuire de même; égouttez et servez au naturel pour manger à l'huile.

La tête d'agneau se mange également en tortue, à la sauce tomate, aux champignons, etc.

QUARTIER D'AGNEAU ROTI. — *Rôt.* — Piquez de lardons fins du côté de la peau; dorez l'autre côté avec du beurre tiède, et panez-le de mie de pain; assaisonnez de sel, poivre et persil haché très-fin; enveloppez le quartier avec une grande feuille de papier, pour qu'il ne soit pas saisi trop vivement par le feu; faites rôtir; lorsqu'il est aux trois quarts cuit, retirez-le du feu, et, sans le débrocher, panez une seconde fois le côté qui n'est que lardé; ne remettez pas l'enveloppe de papier, et approchez le quartier d'un feu vif, pour lui faire prendre couleur; servez, et arrosez-le d'un jus de citron.

CARRÉ D'AGNEAU A LA PÉRIGORD.

— *Entrée.* — Mettez dans une casserole votre carré bien paré, avec huile, persil, champignons, épices. Votre casserole doit être foncée de tranches de veau et d'une douzaine de truffes coupées par morceaux. Bardez le tout de lard, ajoutez un demi-citron coupé par tranches, faites légèrement bouillir, et mouillez avec du bouillon ; laissez un peu réduire la sauce, tamisez-la, arrosez-en votre carré, et servez avec les truffes.

AGNEAU A LA POULETTE. — *Entremets.* — Faites blanchir un quartier d'agneau ; délayez dans le beurre fondu, une cuillerée de farine ; versez, peu à peu, dans votre casserole, deux verres d'eau bouillante ; mettez votre agneau avec poivre, sel, bouquet garni, petits ognons et champignons ; dégraissez et liez la sauce avec un jaune d'œuf.

COTELETTES D'AGNEAU. — Elles se préparent et s'accommodent comme celles du mouton.

BLANQUETTE D'AGNEAU. — *Entrée.* — Emincez un gigot, ou toute autre partie d'agneau rôtie ; passez des champignons coupés par quartiers dans du beurre, et lorsqu'il commence à tourner en huile, ajoutez plus ou moins de farine, suivant l'étendue de votre blanquette ; tournez pour la mêler avec les champignons ; mouillez avec du bouillon ; assaisonnez de sel et poivre, persil et ciboules non hachées ; mettez votre émincé dans la casserole, et faites mijoter à petit feu pendant une demi-heure. Avant de servir, ajoutez une liaison de jaunes d'œufs et un jus de citron.

DU COCHON.

Sa chair est ferme et à fibres serrées, ce qui la rend lourde et indigeste. Mais elle est aussi très-nourrissante; elle ne convient qu'aux individus qui, doués d'un estomac robuste, se livrent à des travaux fatigans qui exigent une réparation abondante.

COCHON DE LAIT A LA BROCHE. — *Rôt.* — Epilez-le en le trempant un instant dans l'eau chaude : quand il est bien net, videz-le, et troussez-le après l'avoir frotté dans tout l'intérieur avec du beurre pétri de fines herbes, sel, poivre et muscade; mettez-y aussi quelques zestes de citron; ciselez légèrement la peau de la tête, des épaules et des cuisses, pour l'empêcher de crever; faites rôtir; et arrosez souvent avec de l'huile pour que la peau devienne croquante et prenne une belle couleur; servez le plus chaud possible.

COCHON DE LAIT FARCI. — *Entrée.* Désossez un cochon de lait, excepté la tête, que vous laisserez entière; étendez-le, la peau en dessous, et couvrez-le d'une farce faite avec moitié lard, moitié foie de veau; assaisonnez la farce avec sel, poivre, girofle et muscade en poudre, un peu de sauge et de basilic hachés; couvrez cette couche de farce avec du jambon coupé en filets, des lardons, des truffes, des filets de langue à l'écarlate, etc.; etc.; recousez la

peau de manière que le cochon reprenne sa
première forme; enveloppez-le d'un linge blanc
avec quelques feuilles de sauge, laurier et basilic,
et quelques bardes de lard; mettez-le dans une
braisière avec bouillon et vin blanc, sel et poivre; faites cuire à très-petit feu; laissez-le dans
la cuisson jusqu'à ce qu'il soit assez refroidi pour
que vous puissiez, en le pressant dans les mains,
en faire sortir le liquide qu'il peut retenir. Ne le
développez que lorsqu'il est tout-à-fait froid;
servez sur une serviette.

PORC FRAIS A LA BROCHE. — *Rôt.*
— Faites mariner pendant deux ou trois jours
dans l'huile, avec sel, poivre, persil, ognons
coupés, laurier et clous de girofle. Retirez pour
mettre à la broche et arrosez de sa marinade.

COTELETTES DE PORC FRAIS. —
Entrée. — Faites mariner comme ci-dessus et
cuire sur le gris ou dans la poële. Servez sur
une sauce Robert, piquante, ravigote ou tomate.

OREILLES DE COCHON A LA PURÉE.
— *Entrée.* — Flambez, nettoyez et faites cuire
avec des lentilles, de l'eau, ognons et carottes.
Faites une purée de lentilles et servez dessus.

OREILLES DE COCHON A LA SAINTE-
MENEHOULD. — *Entrée.* — Faites-les cuire
avec bouillon, vin rouge, carottes et ognons,
dont un piqué de clous de girofle, un fort bouquet garni, gros poivre et du sel, si elles n'ont
pas été mises auparavant dans la saumure. Cuites
et refroidies, dorez-les avec du beurre tiède et
panez-les; couvrez-les ensuite avec de l'œuf
battu, et panez une seconde fois; faites prendre

couleur sous un four de campagne. Servez avec une rémoulade : on peut aussi les faire frire comme celles de veau.

HURE DE COCHON. — *Rôt.* **—** Otez d'une tête de cochon la langue et les oreilles ; mettez cuire cette tête dans une marmite contenant de l'eau suffisamment épicée, un bouquet de persil, ciboules, thym, laurier, basilic et sauge ; joignez des ognons et des carottes ; jetez-y quelques clous de girofle ; faites cuire à petit feu pendant sept ou huit heures jusqu'à ce que vous puissiez désosser. Levez doucement la peau ; garnissez d'un linge fin et blanc le fond d'une casserole longue, étroite et profonde , et posez sur ce linge cette peau à la renverse , de manière à ce qu'elle puisse envelopper toute la chair que vous aurez soigneusement désossée ; renversez votre casserole sur le plat où vous devrez servir ; ôtez délicatement votre linge , et servez froid.

ROGNONS DE COCHON AU VIN. — *Entrée.* **—** Coupez-les en morceaux , passez-les à la poêle avec beurre, sel, poivre, persil , ciboules hachés, remuez, afin qu'ils ne s'attachent pas ; mettez une pincée de farine ; mouillez avec du vin et retournez sans laisser bouillir.

QUEUES DE COCHON A LA PURÉE. — *Entrée.* **—** Coupez-les en quatre morceaux, après les avoir échaudées et flambées ; faites cuire avec lentilles, carottes , ognons , clous de girofle , thym , laurier, sel et poivre ; mouillez avec de l'eau ; après cuisson, mettez-les dans une casserole avec du bouillon, passez vos lentilles et faites réduire votre purée.

JAMBON. — *Entrée.* — Parez-le en enlevant légèrement le dessus de la chair, et tout ce qui est jaune sur le pourtour; laissez la couenne, et coupez le bout du jarret.

Faites dessaler le jambon en le trempant plus ou moins de temps dans l'eau froide. Nouez-le dans un linge blanc; placez-le ensuite dans une marmite sur une poignée de foin, avec tym, laurier, ail, dix à douze ognons, quatre à cinq clous de girofle, carottes en tranches, une once de salpêtre, une bouteille de vin blanc, et faites cuire pendant six heures.

Laissez refroidir dans la marmite et couvrez-le ensuite d'une épaisse couche de chapelure.

JAMBON A LA BROCHE. — *Rôt.* — Faites-le mariner pendant vingt-quatre heures dans du vin blanc avec ognons et persil. Embrochez et arrosez de sa marinade : avant la cuisson parfaite, levez la couenne et panez; laissez cuire alors tout-à-fait. Préparez pendant ce temps, avec des débris de viande et d'os, une glace qui se fait à la casserole, et qu'on mouille de bouillon; on la passe au tamis, et on la réduit en gelée, dans laquelle on trempe une plume; avec cette gelée on dore le jambon qu'on sert sur sa marinade réduite.

BOUDINS ET SAUCISSES PLATES ET LONGUES. — *Hors-d'œuvre.* — Ciselez légèrement les boudins noirs et faites-les griller, ou faites-les cuire à sec dans une tourtière; retournez-les.

Les saucisses se cuisent aussi des deux manières; servez avec un moutardier.

Les andouilles doivent être grillées; on peut aussi les faire cuire sous les cendres chaudes, enveloppées de papier.

PIEDS DE COCHON A LA SAINTE-MENEHOULD. — *Hors-d'œuvre.* — Fendez-

les en long ; enveloppez chaque morceau dans une bande de toile ; fixez-les au fond d'une marmite dans laquelle vous mettrez sel, bouquet garni, du basilic, deux gousses d'ail ; jetez sur le tout de l'eau froide. Après avoir écumé, remplissez avec eau bouillante ; après cinq heures de cuisson, laissez refroidir pour ôter vos bandes ; passez les pieds à l'huile ; panez, faites griller à feu vif, et servez à sec.

CERVELLES DE COCHON. — *Entrée.*

— Elles se préparent comme celles de veau.

SANGLIER.

Sa chair est nourrissante, lourde, indigeste, et néanmoins plus facile à digérer que celle du cochon ordinaire. Le sanglier convient, surtout en hiver, à ceux qui ont un bon estomac, et aux personnes qui fatiguent beaucoup.

FILET DE SANGLIER. — *Entrée.* —

Coupé en tranches sur son épaisseur, on couche ces tranches dans une casserole, sur un lit de beurre, de persil, de ciboules hachés avec une gousse d'ail, un peu de thym et de basilic saupoudrés de sel et d'épices. Avant la cuisson parfaite, on retire le tout de la casserole ; vingt-quatre heures après, on achève la cuisson et l'on sert garni de cornichons en tranches.

La hure se prépare comme celle de cochon.

Toutes les parties du sanglier doivent être servies avec une sauce très-relevée.

DU GIBIER A POIL.

La chair du cerf et celle du daim sont peu en usage dans la cuisine ; on peut néanmoins accommoder l'une et l'autre comme celle du chevreuil.

CHEVREUIL.

La femelle a la chair plus tendre que le mâle. Le chevreuil à poil brun est plus estimé que le roux.

La chair de cet animal est dure et indigeste quand il est vieux ; mais s'il a moins de deux ans, elle est au contraire excellente et se digère bien. Dans presque tous les cas, le chevreuil ne doit se faire cuire qu'après avoir été mariné avec vinaigre, sel, poivre, épices, aromates, ognons en tranches, persil et ciboules. Tenez-le dans cette marinade pendant quarante-huit heures au moins. Soit qu'on le fasse cuire à la braise ou à la broche, soit qu'on le mette en civet, il faut le servir avec une sauce piquante très-relevée.

FILETS ET COTELETTES DE CHEVREUIL. — *Entrée.* — Faites mariner dans l'huile, après les avoir salés et poivrés ; grillade pendant une demi-heure à feu vif, sauce piquante aux cornichons ou autres fruits marinés.

GIGOT DE CHEVREUIL. — *Rôt.* — Mariné comme les côtelettes ; faites rôtir à feu vif ; arrosez de sa marinade ; une heure et demie suffit pour sa cuisson. Servez avec une sauce piquante mêlée au jus de la lèchefrite.

CIVET DE CHEVREUIL — *Entrée.* —

Pour le civet, on prend de préférence les épaules ou la poitrine.

Mettez vos morceaux de chevreuil dans un roux avec échalottes hachées, vin rouge, lard, thym, sel et poivre; dégraissez au moment de servir et ajoutez un peu de sucre en poudre.

LIÈVRE.

Sa chair noire et compacte est savoureuse, nourrissante et se digère assez bien.

On distingue le lapereau du lièvre, en tâtant les pattes de devant au dessus de la première jointure : s'il s'y trouve un petit saillant, c'est un lapereau.

LIÈVRE A LA BROCHE. — *Rôt.* —

Faites-le revenir sur les charbons pour donner de la fermeté aux chairs. On peut le mettre entier à la broche, après l'avoir piqué de lard ; il faut se servir du sang, du foie et du mou qu'on écrase dans du vinaigre, salé et poivré, et où l'on hache fin quelques échalotes. Cette sauce se cuit au moyen de charbons ardens mis sous la lèchefrite. On arrose le rôt de cette sauce. Le lièvre ne doit pas être trop cuit. Si l'on ne met à la broche que le train de derrière, on garde le foie et le mou pour les mettre dans le civet que l'on fait avec le train de devant.

CIVET DE LIÈVRE. — *Entrée.* — Faites revenir à la casserole du lard coupé par morceaux, avec petits ognons et beurre ; quand les ognons ont pris couleur, retirez-les ; mettez votre lièvre coupé par morceaux ; faites revenir ; ajoutez une cuillerée de farine, et mouillez avec du bouillon et du vin, un bouquet garni, sel et poivre : au bout de trois quarts d'heure remettez les ognons ; une heure suffit pour la cuisson ; quand il est cuit, si vous avez de son sang, mettez-le dedans, ajoutez un peu de sucre, et faites lier la sauce à part sur le feu.

LIÈVRE AU CHAUDRON. — *Entrée.* — Coupez en morceaux votre lièvre encore chaud ; mettez-le dans un chaudron avec son sang, bouquet, ognon, sel, poivre, deux bouteilles de vin rouge ; faites cuire à feu clair qui entoure le chaudron, afin que le vin s'enflamme au premier bouillon ; ayez une demi-livre de beurre manié avec farine, jetez-le dans votre sauce ; une demi-heure suffit pour la cuisson.

PATÉ DE LIÈVRE EN TERRINE. — *Entrée.* — Le lièvre doit être frais tué. Désossez-le et joignez une livre de porc frais, une livre de rouelle de veau, un peu de graisse de bœuf, une demi-livre de lard, ciboule, persil, un peu de thym, une feuille de laurier, une gousse d'ail hachée très-fin, girofle, sel et poivre. Bardez et couvrez de bandes de lard ; versez sur le tout un verre d'eau-de-vie. Faites cuire au four pendant quatre heures dans une marmite fermée.

LAPIN.

La chair du lapin est blanche, molle et facile à digérer. Le lapin domestique demande à être vidé aussitôt tué. Il faut avoir soin de garnir l'intérieur de thym, laurier, sauge, sel et poivre, qu'on retirera ensuite.

GIBELOTTE DE LAPIN. — *Entrée.* —
Coupez par morceaux ; faites un roux avec beurre et de la farine en suffisante quantité ; lorsque le roux est bien blond, passez-y le lapin, des champignons et des petits ognons ; ajoutez quelques tranches de petit lard ; quand le tout est bien revenu, mouillez avec un tiers de vin blanc et deux tiers de bouillon ; ôtez les ognons ; assaisonnez de sel et poivre, avec persil, ciboules et un peu de thym en bouquet ; faites bouillir à grand feu ; lorsque le mouillement sera réduit à un tiers, remettez les petits ognons ; achevez à petit feu, et dégraissez la sauce avant de servir.

CIVET DE LAPIN. — *Entrée.* — Comme le civet de lièvre.

MATELOTE DE LAPIN. — *Entrée.* —
Faites revenir votre lapin coupé par morceaux dans un roux que vous mouillerez avec bouillon et vin blanc. Ajoutez petit lard, ognons, bouquet garni, sel et poivre. Faites sauter à part des petits ognons et champignons dans le beurre ; mouillez avec la sauce du lapin ; servez vos petits ognons et champignons autour.

LAPIN ROTI. — *Rôt.* — Piquez-le de petit lard depuis le con jusqu'à l'extrémité des cuisses; vous pouvez aussi, au lieu de le piquer, le couvrir de bardes. On ne doit faire rôtir que les lapereaux.

LAPEREAUX.

LAPEREAU FRIT. — *Entrée.* — Coupez en morceaux; faites mariner avec du vin blanc, jus de citron, persil, ciboules, thym, laurier, une pointe d'ail, le tout haché grossièrement, sel et poivre; égouttez vos morceaux, après les avoir laissés une heure dans la marinade; essuyez-les, roulez-les dans la farine, et faites-les frire; servez avec une sauce piquante ou une sauce tomate.

MARINADE DE LAPEREAU. — *Entrée.* — Coupez en morceaux deux jeunes lapereaux rôtis; n'employez que les membres et le râble; faites les mariner comme ci-dessus; trempez-les dans une pâte à frire, après les avoir égouttés; mettez-les dans une friture qui ne soit pas trop chaude; servez à sec avec du persil frit.

LAPEREAU A LA POULETTE. — *Entrée.* — Coupez-le par morceaux que vous passerez sur le feu avec beurre, champignons, ciboules et persil; ajoutez une pincée de farine; mouillez de bouillon et de vin blanc; épicez; faites réduire et formez une liaison de jaunes d'œufs.

LAPEREAU A LA TARTARE. — *Entrée.*

— Désossez-le; faites-le mariner sans champignons; panez et faites griller en arrosant avec la marinade; servez avec sauce à la tartare.

LAPEREAUX EN PAPILLOTE. — *Entrée.*

— Faites mariner pendant quelques heures dans l'huile assaisonnée d'épices, champignons, ail, ciboules, persil, hachés menu; placez chaque morceau entouré de cet assaisonnement dans une feuille de papier bien enduite de beurre; faites griller à petit feu; servez avec le papier.

GIBIER A PLUME.

—

LE FAISAN.

Le jeune faisan est d'une facile digestion; celui d'un certain âge a besoin d'être gardé quelque temps avant d'être mangé. Quelques personnes l'estiment davantage lorsqu'un commencement de décomposition putride s'est emparé de sa chair.

FAISAN A LA BROCHE. — *Rôt.* —

Laissez le mortifier pendant quelques jours avant de le mettre à la broche; videz-le et piquez-le de petit lard; faites rôtir à feu doux et arrosez souvent.

FAISAN EN SALMIS. — *Entrée.* — Dé-

pecez un faisan cuit aux trois quarts à la broche; coupez les ailes et les cuisses en deux ; levez les blancs et toutes les chairs qui tiennent à la carcasse ; coupez-les en filets; mettez ces débris dans une casserole avec un verre de vin blanc, échalottes hachées, deux cuillerées de bouillon, sel, poivre et muscade râpée ; faites réduire quelque temps avant de servir, ajoutez deux cuillerées d'huile, et le foie du faisan bien écrasé ; servez avec des croûtens passés au beurre.

PERDRIX.

On distingue les perdreaux des perdrix, en examinant la dernière grande plume de l'aile, qui est pointue dans les perdreaux et ronde dans les perdrix.

PERDRIX A LA BROCHE. — *Rôt.* — La

perdrix tient le premier rang après la bécasse dans la catégorie des gibiers à plumes. C'est, lorsqu'elle est rouge, l'un des plus honorables rôtis. Elle se trousse, se barde et se pique.

Il est important de bien saisir le point de cuisson ; une perdrix trop cuite n'a plus de saveur.

PERDRIX AUX CHOUX. — *Entrée.* —

Plumez, videz, flambez, troussez deux perdrix; faites revenir à la casserole avec beurre et farine; mouillez de bouillon, ajoutez lard coupé en dés, un gros cervelas, bouquet garni; laissez cuire. Mettez dans une petite marmite un chou de Milan, ou frisé, avec petit salé et deux cuillerées de graisse ; emplissez d'eau et faites cuire aux trois quarts. Faites égoutter les choux et les mettez dans la casserole, achevez de cuire une demi-heure avec les perdrix, et dressez avec les choux autour des perdrix ; entremêlez-les de carottes et de tranches de cervelas, et versez la sauce sur le tout.

SALMI DE PERDREAUX. — *Entrée.* — On le prépare comme le salmis de faisan, il faut que les perdreaux ne soient pas tout-à-fait cuits ; on écrase les foies pour lier la sauce.

PERDREAUX A LA CRAPAUDINE. — *Entrée.* — Ils se préparent comme les pigeons. (*Voyez* ce mot.)

PERDRIX A LA MÉNAGÈRE. — *Entrée.* — Flambez, videz et troussez les pattes dans le corps ; faites revenir à la casserole et cuire à petit feu avec un verre de bouillon, petit lard, ognons, carottes, sel, poivre et épices. Servez avec sa sauce.

CANARD SAUVAGE A LA BROCHE. — *Rôt.* — Faites-le rôtir sans le piquer ; mettez dans le corps du canard un morceau de beurre, sel et poivre, le jus et la moitié du zeste d'un citron ; arrosez souvent. Le canard sauvage doit ê're cuit un peu rouge.

On peut le farcir de saucisses et de marrons qu'il faut faire cuire auparavant.

SARCELLES. — *Rôt* et *Entrée.* — La sarcelle, plus petite et plus délicate que le canard, se prépare de même.

9

BÉCASSES ROTIES. — *Rôt.* — Il y a plusieurs espèces de bécasses, qui toutes sont excellentes; on ne les vide pas; on les couvre de feuilles de vigne, une barde de lard par dessus; on met des rôties dans la lèchefrite pour recevoir ce qui tombe; on sert les rôties sous les bécasses.

On peut aussi les accommoder en salmis comme le faisan.

PLUVIERS A LA BROCHE. — *Rôt.* — On ne les vide pas; ils se préparent et se font cuire, comme les bécasses, avec des rôties de pain dans la lèchefrite.

VANNEAU A LA BROCHE. — *Rôt.* — On les met à la broche pour rôts; on les accommode comme les pigeons pour les entrées.

La gelinote se prépare et se sert de même que le vanneau.

CAILLES A LA BROCHE. — *Rôt.* — Cet oiseau de passage est un manger très-recherché; il n'est bon que vers la fin de l'été; mais on les prend vivantes et on les engraisse pour en avoir toute l'année. Les cailles sauvages sont préférables aux cailles de vignes.

Plumez, videz, flambez; enveloppez de feuilles de vigne, bardes de lard, et faites cuire sur des rôties de pain dans la lèchefrite.

ALOUETTES ou MAUVIETTES A LA BROCHE. — *Rôt.* — Elles se bardent de lard; on les enfile avec une brochette, et on les attache à la broche; faites cuire à feu vif; mettez dessous des rôties et servez avec.

ALOUETTES A LA MINUTE. — *En-*

trée. — Sautez vos alouettes dans du beurre et du sel; faites revenir dans le beurre, champignons, persil, échalottes hachés; mettez une pincée de farine, mouillez avec vin blanc et bouillon; quand cette sauce commence à bouillir, vous retirez vos mauviettes, et les servez garnies de croûtons frits.

GRIVES, MERLES, ORTOLANS, BEC-FIGUES et GUIGNARDS. — *Rôt.* — On les fait rôtir bardés, avec rôties dans la lèchefrite, et on les sert avec filet de verjus.

VOLAILLE.

—

POULET.

POULET ROTI. — *Rôt.* — Videz votre poulet par le haut; flambez, bridez, et mettez-le entre des bardes de lard; attachez les pattes à la broche, faites-le cuire à point, arrosez de son jus et servez avec cresson autour, assaisonné de sel et de vinaigre.

POULET ROTI. — *Entrée.* — Mettez dans le corps de votre poulet du lard râpé avec le foie, persil et ciboules hachés, du jus et un peu de zeste de citron; enveloppez-le de bardes de lard, et faites-le rôtir, en le couvrant sur la broche d'une feuille de papier beurrée. Vous éviterez avec soin qu'il prenne couleur; en servant, vous ôterez les bardes, et vous mettrez sous votre poulet telle sauce ou ragoût que vous jugerez convenable.

POULET AUX FINES HERBES. — *Entrée.* — Hachez le foie, et mêlez-le avec un morceau de beurre, persil, ciboules, estragon, cerfeuil, sel et poivre; mettez ce mélange dans le corps de votre poulet, que vous coudrez; passez le poulet au beurre dans une casserole, et faites-le cuire à la broche, enveloppé de lard et de papier; mettez dans le beurre qui a servi à passer le poulet, carottes et ognons émincés, ail, clous de girofle, laurier, thym, basilic; passez le tout sans colorer; mouillez avec vin et bouillon; faites bouillir à petit feu pendant demi-heure, et passez au tamis; hachez fin, estragon, pimprenelle, cerfeuil, civette, cresson; mettez ces herbes dans la sauce et laissez-les infuser pendant une demi-heure, à petit feu, sans bouillir; passez au tamis avec expression; ajoutez un morceau de beurre manié de farine, sel, poivre et muscade râpée; faites lier au feu sans bouillir. Servez sous le poulet.

POULET A L'ESTRAGON. — *Entrée.* — Faites blanchir une pincée de feuilles d'estragon, que vous hachez finement, après les avoir rafraîchies et pressées; hachez le foie de votre poulet; mêlez-le avec un morceau de beurre, lard râpé et le tiers de l'estragon, sel, gros poivre et muscade râpée; mettez cette muscade dans le corps de votre poulet; couvrez-lui l'estomac avec une barde de lard, et faites-le cuire à la broche, enveloppé d'une feuille de papier beurrée; faites fondre dans une casserole un

morceau de beurre manié avec de la farine, et ajoutez-y le reste de l'estragon que vous avez haché; un peu de bouillon, un filet de vinaigre, deux jaunes d'œufs, sel et gros poivre; faites lier la sauce sans bouillir.

POULET A LA PAYSANNE.—*Entrée.*— Coupez-le par morceaux que vous passerez sur le feu avec beurre et huile d'olive; quand ils auront belle couleur, vous y joindrez épices, bouquet de persil, carottes et ognons en tranches; mouillez de bouillon et achevez de cuire.

POULET A LA TARTARE. — *Entrée.*— Otez-lui le cou et les pattes, fendez-le du côté de l'estomac, aplatissez-le; faites-le cuire dans une casserole, avec beurre, épices, ciboules et persil hachés; retirez-le, panez, et faites griller à feu doux jusqu'à ce qu'il ait pris couleur; servez-le sur une sauce à la tartare.

POULET A LA MARENGO.—*Entrée.* — Dépecez comme pour une fricassée; mettez-les cuisses dans la casserole, et cinq minutes après les autres membres avec huile d'olive et sel fin: faites cuire et prendre couleur; un peu avant la cuisson terminée, ajoutez un bouquet garni, des champignons et des truffes coupées en tranches.

Préparez dans une casserole à part, beurre, persil, champignons, échalottes, truffes hachées, faites revenir; mouillez avec un demi-verre de vin blanc, sel et poivre: faites bouillir à petit feu pendant demi-heure, passez au tamis, ajoutez peu à peu et en remuant, l'huile où a cuit le poulet; ornez de croutons et servez.

POULET AU FOUR. — *Entrée.* — Faites

cuire une demi-livre de riz dans du bouillon assaisonné, ayez soin qu'il soit épais; étendez-en la moitié sur une tourtière; placez dessus une fricassée de poulet froide avec sa sauce; recouvrez de l'autre moitié de riz; dorez avec jaune d'œuf; faites cuir au four.

POULET GRILLÉ DANS SON JUS. —

Entrée. — Laissez-le deux heures dans une marinade d'huile, épices, persil, ognons en tranches; entourez-le de son assaisonnement, que vous maintiendrez avec bardes de lard et papier beurré; faites cuire sur le gril à petit feu; ôtez tout son entourage, et servez sur une sauce à la ravigote.

FRICASSÉE DE POULET. — *Entrée*. —

Levez les membres de votre poulet; coupez les ailerons et les pattes; parez les cuisses en coupant le bout de l'os au-dessous de son articulation avec la patte; épluchez les pattes après les avoir fait griller un instant sur les charbons; coupez la poitrine en deux, et le dos en quatre; séparez la tête du cou; faites dégorger le tout dans de l'eau tiède, et ensuite égoutter sur un tamis; faites fondre du beurre dans une casserole, mettez-y votre poulet coupé; quand il est bien revenu, ajoutez un peu de farine que vous mêlez bien; mouillez avec du bouillon; ajoutez champignons, quelques émincés de petit lard, bouquet de persil et ciboules, sel, gros poivre et laurier; menez votre fricassée à grand feu pour réduire la sauce; lorsqu'elle est cuite aux trois quarts, mettez-y de petits ognons. Au moment de servir, retirez le bouquet, et mettez une liaison de trois jaunes d'œufs, un jus de citron ou filet de vinaigre.

POULET A LA Ste-MENEHOULD.—

Entrée. — Prenez une fricassée de poulet faite comme ci-dessus, refroidie et bien liée ; trempez chaque morceau dans la sauce , et roulez-les dans la mie de pain ; panez une seconde fois à l'œuf battu ; faites prendre couleur sous un four de campagne , ou frire à la poèle.

POULET EN MATELOTE. — *Entrée.* —

Faites blanchir à l'eau de petits ognons que vous jetterez ensuite dans un roux couleur de cannelle ; mouillez avec vin blanc et bouillon ; ajoutez carottes , bouquet garni , sel , poivre , et faites bouillir à petit feu une demi-heure.

Vos morceaux de poulet revenus sur le feu devront être ajoutés et bouillir à petit feu pendant une heure.

Dégraissez et servez avec une pincée de câpres.

CHAPON.

CHAPON AU GROS SEL. — *Relevé.* —

Plumez , videz , flambez légèrement et troussez votre chapon ; placez une feuille de papier beurrée sur son poitrail pour conserver sa blancheur ; mettez-le dans une casserole avec bouillon ; ajoutez-y sel, lard gras , carottes , ognons , thym , laurier et un bouquet ; faites cuire doucement ; lorsqu'il est cuit, ce que l'on reconnaît à l'aileron qui cède sous le doigt, dégraissez un peu de sa cuisson que vous mettez dans une casserole ; faites réduire cette cuisson jusqu'à ce qu'elle s'attache et qu'elle soit d'une couleur brune ; quand elle est parvenue à ce point , mouillez d'eau pour détacher ; remettez encore de la cuisson ; faites cuire un peu cette sauce ; dégraissez et servez.

CHAPON AU RIZ. — *Relevé.* **—** Faites-le cuire comme celui au gros sel ; prenez la moitié de sa cuisson pour cuire le riz et toute sa graisse ; faites avec le reste de la cuisson une sauce semblable à celle du chapon au gros sel ; glacez le riz et le chapon avec votre sauce, et servez avec le riz.

CHAPON ROTI AUX TRUFFES. — *Rôt.* **—** Passez au beurre des truffes avec sel , gros poivre et muscade râpée ; remplissez—en le corps de votre chapon jusqu'au jabot ; recousez les peaux pour que rien ne s'échappe ; troussez le chapon, et conservez-le, enveloppé de papier, dans un endroit frais et sec, pendant quatre ou cinq jours, selon la saison ; faites—le rôtir pendant deux heures, enveloppé d'un papier beurré ; découvrez-le quelques instans avant de servir, pour lui faire prendre couleur. Servez à sec, ou avec une sauce aux truffes.

CHAPON BRAISÉ. — *Entrée.* **—** Foncez une casserole de bardes de lard ; passez votre chapon par dessus ; couvrez—le avec des bardes de lard et quelques émincés de veau ; ajoutez carotte coupée en tranches, ognons, clous de girofle, bouquet garni, quelques tranches de citron , sel et poivre ; mouillez avec bouillon et vin blanc ; faites cuire à feu doux pendant une heure ; dégraissez la cuisson ; faites la réduire, si elle est trop longue ; liez—la avec beurre manié de farine, et servez sous votre chapon.

POULARDE.

La poularde se prépare et s'accommode exactement comme le chapon.

COQ ET POULE.

Le coq et la poule sont excellens pour faire du consommé, du bouillon et de la gelée pour les malades.

POULE AUX PETITS OGNONS. — *Entrée.* — Cuite au pot, passez-la à la casserole avec lard coupé en morceaux ; faites prendre couleur et retirez-la pour la mettre dans un roux que vous mouillerez avec du bouillon.

Tenez-la une heure et demie sur un feu doux : ajoutez sel, poivre, bouquet garni et quantité de petits ognons.

POULE AU RIZ. — *Entrée.* — Cuite au pot, comme la précédente, couvrez de riz cuit épais et assaisonné.

DINDON.

La femelle est plus délicate que le mâle.

Les vieux dindons ne doivent être mis qu'en daube ou en galantine.

DINDON AUX TRUFFES. — *Rôt.* —

(*Voyez* chapon aux truffes,) préparez-le de même.)

DINDON EN DAUBE. — *Rôt.* —

Mettez dans une braisière tranche de veau, jarret et un morceau de beurre avec carottes, ognons, bouquet, clous de girofle, peu de thym et une feuille de laurier; piquez votre dindon avec de gros lardons; enveloppez-le de papier beurré et posez-le sur la couche; faites cuire pendant sept heures avec feu doux dessus et dessous. Au moment de servir, dégraissez le jus.

DINDON ROTI ET FARCI. — *Rôt.* —

Bardez, embrochez et faites cuire à petit feu pendant long-temps. On peut le farcir de toutes sortes de viandes hachées, de champignons avec fines herbes, ou de marrons rôtis.

DINDONNEAU ROTI. — *Rôt.* —

Préparez comme ci-dessus; une heure suffit pour sa cuisson.

On peut le farcir et le truffer comme la poularde et le dindon.

CUISSES DE DINDON A LA SAUCE ROBERT. — *Entrée.* —

Ciselez légèrement les cuisses d'un dindon cuit à la broche et refroidi; assaisonnez de sel et poivre; faites griller à feu doux et servez avec une sauce Robert.

GALANTINE DE DINDON. — *Rôt.* —

Désossez entièrement; commencez par le dos, et prenez garde d'endommager la peau; levez une partie des chairs de l'estomac et des cuisses, en retranchant de celles-ci tous les nerfs qui s'y trouvent; coupez en filets la moitié de la chair

que vous avez levée sur le dindon, et hachez le
reste ; prenez un morceau de veau proportionné
à la grosseur de votre dindon, et autant de
lard gras ; coupez-en moitié en filets, en lardons, et hachez l'autre moitié ; préparez des
filets de truffes et de la langue à l'écarlate ;
étendez la peau du dindon, la chair en-dessus ;
couvrez-la de la farce que vous avez faite en
mêlant vos viandes hachées, assaisonnées de sel,
poivre et épices ; sur cette couche, arrangez, en
les entremêlant, des filets de dindon, de lard, de
truffes, de veau et de langue ; recouvrez d'une
couche de farce ; mettez encore des filets, et
ainsi de suite, jusqu'à ce que tout soit employé ;
roulez la peau du dindon ; cousez-la pour que
rien ne puisse s'échapper ; donnez à votre galantine une forme allongée ; couvrez de bardes
de lard, et enveloppez-la d'une toile très-claire,
que vous contiendrez avec une ficelle ; mettez-
la dans une braisière de sa grandeur, avec des
bardes de lard dessus et dessous ; ajoutez un
jarret de veau en morceaux, carottes coupées,
ognons et clous de girofle, un fort bouquet
garni, sel, poivre et épices.

Concassez la carcasse de votre dindon, mettez-la dans une casserole avec du bouillon ;
faites bouillir pendant une bonne heure ; passez
le jus au tamis, et servez-vous-en pour mouiller
votre galantine ; ajoutez un verre de vin blanc ;
faites cuire à petit feu pendant quatre heures.

HACHIS DE DINDON A LA BÉCHA-
MEL. — *Entrée.* — Enlevez les chairs qui
vous restent d'un dindon rôti ; hachez-les fin ;
faites bouillir une quantité suffisante de béchamel un peu claire ; mettez-y votre hachis avec
beurre, sel, poivre et muscade râpée ; tenez

chaudement sans faire bouillir. Servez avec croûtons ou œufs pochés.

AILERONS DE DINDONNEAU A LA PINSON. — *Entrée.* — Faites roussir dans le beurre une cuillerée de farine ; passez-y vos ailerons, et mouillez avec du bouillon en quantité ; assaisonnez d'un bouquet garni, poivre, épices, et faites cuire à grand feu. Quand les ailerons sont cuits aux trois quarts, faites roussir un peu de farine dans du beurre ; ajoutez peu de sucre dans votre roux, et passez-y des petits navets, jusqu'à ce qu'ils aient pris couleur ; versez le tout sur les ailerons ; achevez la cuisson et dégraissez avant de servir.

Ce mets, aussi délicat qu'il est peu connu, a puissamment contribué à la vogue si suivie et d'ailleurs si justement méritée dont jouit le successeur d'Edon, surnommé aujourd'hui le Vatel du faubourg Saint-Germain.

PINTADE.

Quoiqu'élevée dans les basses-cours, la pintade n'a pas encore complétement dégénéré : sa chair est savoureuse et plus délicate que celle des volailles domestiques.

La pintade se prépare et s'accommode de la même manière que le faisan et le chapon.

CANARD.

Le canard sauvage est bien supérieur au canard domestique; la chair de ce dernier est nourrissante et en général difficile à digérer.

CANARD A LA BROCHE. — *Rôt.* — Salez l'intérieur avant de le mettre à la broche. On peut le farcir de saucisses et de marrons cuits par avance. Trois quarts d'heure suffisent pour la cuisson du canard.

Rôti à la broche, on peut le servir également avec une sauce en *salmis.*

CANARD AUX NAVETS. — *Entrée.* — Faites roussir dans le beurre une cuillerée de farine; passez-y votre canard ; mouillez avec bouillon et demi-verre de vin blanc; ajoutez bouquet garni , sel, poivre et muscade râpée , le canard moitié cuit, faites roussir des navets dans le beurre en ajoutant un peu de sucre dans votre roux; lorsqu'ils ont pris couleur, mettez-les dans la casserole au canard, et finissez de cuire le tout ensemble; dégraissez et servez à courte sauce.

CANARD AUX OLIVES. — *Entrée.* — Videz, troussez et flambez le canard que vous ferez cuire à la braise comme ci-dessus : passez la cuisson; ajoutez-y des champignons coupés, et faites-la réduire; épluchez des olives, en coupant la chair autour du noyau, en spirale ;

elles conserveront par là leur première forme ; jetez-les dans votre sauce et faites-les bouillir un instant. Versez sur le canard.

CANARD EN DAUBE. — *Entrée.* — Comme le dindon. Servez froid, entouré de gelée faite avec son jus clarifié.

CANNETON AUX POIS. — *Entrée.* — Cuit comme le canard aux navets, faites roussir un peu de farine dans du beurre ; passez-y du petit lard coupé en tranches minces, et un litron de pois ; mouillez avec la cuisson que vous avez passée au tamis ; assaisonnez de sel, poivre et bouquet garni ; quand les pois sont cuits, masquez-en votre canneton.

OIES.

Sa chaire compacte et dure est très-nourrissante, mais difficile à digérer ; elle ne convient ni aux malades, ni aux vieillards, ni aux enfans.

OIE A LA BROCHE. — *Rôt.* — On doit les choisir jeunes pour mettre à la broche. Il faut deux heures de cuisson ; il en découle une graisse dont on se sert dans la cuisine. On peut également la farcir de saucisses ou de marrons cuits.

OIE EN DAUBE. — *Rôt.* — Elle se prépare et s'accommode comme le dindon. (*Voyez* dindon en daube.)

OIES (cuisses d') a diverses sauces. — *Entrée.* — Trempez-les froides dans la graisse de leur cuisson ; panez-les et faites griller ; servez sur une sauce à la tartare, à la ravigote, à la sauce Robert, etc.

OIES (cuisses et ailes.) *Manière de les conserver.* — Prenez des oies grasses ; faites cuire à moitié à la broche ; levez les cuisses et les ailes ; laissez-les refroidir ; frottez-les avec salpêtre, mêlé de sel fin ; rangez-les par lits dans une terrine, en mettant entre elles des feuilles de laurier, de sauge et de thym : laissez-les vingt-quatre heures dans cet état. Mettez à part toute la graisse qui peut se trouver encore dans le corps de vos oies ; faites-la fondre à petit feu ; et réunissez-la à celle que les oies ont rendue en cuisant. Lorsque vos cuisses et ailes ont mariné pendant vingt-quatre heures, essuyez-les ; faites fondre toute la graisse, et si vous ne croyez pas en avoir assez pour couvrir les ailes et les cuisses, ajoutez-y quantité suffisante de saindoux ; mettez les ailes et les cuisses dans la graisse pour achever de cuire à feu doux. Quand elles sont cuites, ce qui se reconnaît lorsqu'on peut y enfoncer une paille, retirez-les, et laissez-les presque refroidir ; arrangez-les alors dans un pot de terre, en les serrant le plus possible les unes contre les autres ; versez par dessus votre graisse encore chaude : il faut qu'elles soient couvertes de l'épaisseur de trois doigts ; ne couvrez le pot que lorsqu'il est froid : mettez-le dans un lieu frais, mais non humide.

PIGEONS.

Le pigeon de volière est le seul que l'on mette à la broche; sa chair est tendre, nourrissante et se digère bien.

Le pigeon ramier est plus dur, et se digère moins facilement.

PIGEONS ROTIS. — *Rôt.* — Troussez les pattes en dedans; enveloppez-les de bardes de lard et d'une feuille de vigne dans la saison. Arrosez-les de beurre mêlé à un filet de vinaigre : demi-heure suffit pour la cuisson.

PIGEONS EN COMPOTE. — *Entrée.* — Faites un roux; passez-y des tranches de petit lard et vos pigeons; mouillez avec du bouillon; ajoutez champignons, petits ognons, riz de veau coupé en morceaux, bouquet garni, une pointe d'ail, poivre, muscade râpée; faites cuire et réduire à courte sauce.

PIGEONS AUX PETITS POIS. — *Entrée.* — Mettez-les dans une casserole avec un morceau de beurre et du petit lard, faites-leur prendre couleur et ajoutez vos pois, bouquet garni, une pincée de farine; mouillez avec du bouillon, faites cuire à petit feu, et servez à courte sauce.

PIGEONS A LA CRAPAUDINE. — *Entrée.* — Fendez-les par le dos et aplatissez-les, frottez d'huile assaisonnée d'épices, ciboules et persil hachés, passez et faites cuire sur le gril à petit feu; servez sous une ravigote.

POISSON DE MER.

BLEU OU COURT-BOUILLON. — Videz, écaillez et lavez le poisson ; enveloppez-le d'un linge fixé aux deux bouts avec du fil ou de la ficelle ; mettez-le dans une poissonnière que vous remplirez de bon vin, avec épices, laurier, lard gras, thym, ail, ognons coupés en tranches, et des clous de girofle. La poissonnière ainsi garnie, faites cuire le poisson à feu c'air, pour que la flamme surpassant la poissonnière, le feu prenne au dedans ; laissez le feu s'éteindre de lui-même ; laissez aussi le court-bouillon se réduire aux deux tiers ; lorsqu'il est réduit, retirez le poisson ; servez-le froid, et chaud pour les relevés, avec sauce et garnitures. Par ce moyen, le poisson au bleu ou court-bouillon peut se conserver un mois et même six semaines aussi frais que le premier jour, et sans altération.

SAUMON.

Sa chair est nourrissante, mais d'une digestion assez pénible, sur tout le ventre et la hure, qui sont les parties les plus grasses.

SAUMON AU BLEU. — *Relevé.* **—** Cuit au court-bouillon comme ci-dessus ; servez-le avec une sauce à la vinaigrette pour rôt, ou à la sauche blanche comme celle du brochet pour relevé,

SAUMON AUX CAPRES. — *Entrée.* —

Prenez tranches ou dalles de saumon ; marinez avec huile, persil, ciboule, sel, poivre et muscade râpée ; faites griller à feu modéré en l'arrosant avec sa marinade ; servez avec une sauce aux câpres.

On le prépare à la maître-d'hôtel comme le maquereau.

ESTURGEON.

Sa chair ressemble beaucoup à celle du veau. La laitance est ce qu'il y a de plus recherché dans ce poisson. Assez indigeste quand il est frais, il l'est beaucoup plus quand on l'a salé. Il se fait cuire, se prépare et s'accommode comme le saumon.

TURBOT.

Sa chair est ferme, nourrissante et d'une digestion facile.

TURBOT ET BARBUE. — *Relevé* et *rôt.*
—Faites cuire à l'eau de sel ou au court-bouillon, avec ognons coupés en tranches, ciboules, thym, laurier, persil, ail, du girofle, du gros poivre, le tout en quantité proportionnée à la grandeur de votre turbot ; salez fortement. Si vous voulez que le turbot soit très-blanc, il faut faire bouillir le court-bouillon à part pendant un quart d'heure ; passez-le au tamis ; frottez avec du jus de citron le côté blanc du turbot ; versez par dessus votre court-bouillon passé ; faites-le cuire à petit feu et sans bouillir : vous reconnaîtrez qu'il est cuit, quand il cède

sous le doigt ; retirez-le alors, mettez-le égoutter, et servez sur une serviette avec une sauce aux câpres dans la saucière.

Les débris se mangent à l'huile et au vinaigre.

THON.

Sa chair compacte est d'une digestion laborieuse. On le sert à l'huile pour hors-d'œuvre ; frais, on le prépare comme le saumon.

RAIE.

La raie ne saurait être mangée lorsqu'elle vient d'être pêchée. Elle est assez nourrissante et d'une digestion facile.

Il y en a de plusieurs espèces, la bouclée est la meilleure ; faites-la cuire dans l'eau avec vinaigre, sel, et quelques tranches d'ognons ; ne lui faites faire que deux bouillons ; lorsqu'elle est cuite, retirez-la pour l'égoutter et l'éplucher.

Vous pouvez la servir avec une sauce aux câpres, à la maître-d'hôtel ou au beurre noir.

Le foie ne doit rester que deux ou trois minutes dans l'eau bouillante.

MORUE.

La morue fraîche est d'un bien meilleur goût, et surtout plus facile à digérer que la morue salée ; aucune des nombreuses préparations auxquelles l'art culinaire peut la soumettre, n'ôtent à cette dernière ses qualités indigestes.

MORUE AU BLANC. — *Entrée.* — Faites-la dessaler pendant deux jours, écaillez-la ;

mettez-la dans l'eau ; écumez et ôtez du feu
dès qu'elle commence à bouillir ; faites égoutter ;
mettez-la dans une casserole avec beurre , un
peu de farine , muscade, poivre , et deux cuillerées de lait.

MORUE A LA MAITRE-D'HOTEL. —
Entrée. — Cuite comme ci-dessus , laissez le
morceau entier ; mettez-le dans une casserole avec
beurre , persil et ciboules hachés, gros poivre
et muscade râpée ; faites seulement fondre le
beurre ; évitez qu'il ne tourne en huile ; quand
il est bien mêlé avec la morue, servez en ajoutant un jus de citron.

MORUE AUX CAPRES. — *Entrée*. —
Même cuisson. Servez sur une sauce aux câpres
et anchois pilés.

MORUE AUX POMMES DE TERRE.—
Entrée. — Dessalée , blanchie et écumée , relevez sur le bord du fourneau. Prenez des
pommes de terre cuites, que vous pelez et coupez par quartiers , ayant soin de les conserver
chaudes ; égouttez votre morue ; levez-en la
peau , mettez-la sur un plat entouré de vos
pommes de terre ; puis faites fondre dans une
casserole un morceau de beurre frais ; ajoutez-y
sel, fines herbes et jus de citron ; masquez votre
morue avec cette sauce et servez.

La morue se sert aussi sur une béchamelle, à
l'huile et au vinaigre.

CABILLAUD.

Après l'avoir vidé et lavé, saupoudrez-le de
sel , et laissez-le ainsi pendant deux heures ;

faites-le cuire ensuite comme le turbot et servez avec les mêmes sauces.

ALOSE.

Ce poisson, à de certaines époques, en avril, mai et juin, remonte les fleuves où on le pêche.

Sa chair est à la fois grasse et fibrineuse ; elle est assez facile à digérer, et offre un mets estimé de beaucoup de gens.

L'alose se sert ordinairement grillée, après avoir été marinée dans l'huile avec sel et poivre, persil, ciboules, muscade râpée ; quand elle est grillée, on la masque d'une sauce aux câpres, ou on la sert sur une purée d'oseille.

Elle peut également se cuire au bleu ; dans ce cas, servez-la avec une sauce verte dans la saucière.

ANGUILLE DE MER. — *Entrée.* — Otez-en la peau ; faites cuire l'anguille à l'eau de sel, avec une poignée de persil ; lorsqu'elle est cuite, servez avec une sauce aux câpres et aux anchois.

Vous pouvez aussi la servir avec une sauce tomate.

MAQUEREAUX A LA MAITRE-D'HO-TEL. — *Entrée.* — Mettez-les sur le gril, enveloppés d'un papier huilé ; retournez-les quand ils sont cuits d'un côté ; dressez-les sur un plat, après les avoir fendus par le dos, et y avoir mis un morceau de beurre manié avec persil, ciboules, une pointe d'ail, le tout haché très-fin, sel et gros poivre ; servez de suite, avant que le beurre soit fondu entièrement. Arrosez-les de jus de citron.

MAQUEREAU A L'HUILE. — *Rôt.* —

Cuit sur le gril ou dans une eau de sel, on le mange froid à l'huile et au vinaigre.

MAQUEREAU AU BEURRE NOIR. —

Entrée. — Même cuisson que le précédent. Servez sur une sauce au beurre noir.

HARENGS A LA MAITRE-D'HOTEL.

— *Entrée.* — Faites-les griller ; fendez-les en deux par le dos ; garnissez l'intérieur de beurre manié de persil, sel et poivre ; faites légèrement chauffer le plat, et servez avec jus de citron ou filet de vinaigre.

HARENGS A LA MOUTARDE. — *Entrée.* —

Servez-les sur une sauce faite de beurre, cuillerée de bouillon, moutarde et pincée de farine, que vous ferez chauffer sans bouillir.

HARENGS A LA SAUCE BLANCHE. —

Entrée. — Grillés, servez-les sous une sauce blanche.

HARENGS FRITS. — *Rôt.* —

Farinez-les, mettez-les dans une friture bien chaude, et servez avec persil frit.

HARENGS SAURS. — *Hors-d'œuvre.* —

Faites-les dessaler ; ouvrez-les en deux, faites-les griller pendant trois minutes, et servez à l'huile et vinaigre.

Il faut leur couper la tête et la queue avant de les mettre sur le gril.

HARENGS PECS.

Gros harengs salés qui viennent de la Hollande, et que l'on sert crus pour hors-d'œuvre.

ANCHOIS. — *Hors-d'œuvre.* — On les lave, on lève les filets et on les sert en canapé, avec des œufs et du cerfeuil hachés. On les arrose d'huile.

SARDINES. — *Hors-d'œuvre.* — Fraîches, on les écaille, on les lave et on les fait cuire sur le gril ; faites une sauce avec beurre, un peu de farine, filet de vinaigre, un peu de moutarde, sel, poivre, un peu d'eau ; faites lier la sauce sur le feu, et servez sur vos sardine. Salées, on les mange à l'huile cuites sur le gril.

FILETS DE SOLE AU GRATIN. — *Entrée.* — On lève les filets d'une sole que l'on a dépouillée ; on prépare le gratin comme pour le merlan (voyez *Merlan au gratin*), et on range les filets en buisson. Servez bouillant.

FILETS DE SOLES A LA HORLY. — *Rôt.* — Faites mariner vos filets dans du jus de citron, sel et gros poivre, saupoudrez-les de farine, et faites frire. Faites cuire les carcasses avec bouillon et vin blanc ; faites réduire cette sauce, et servez-la sur vos filets.

LIMANDES, SOLES, CARRELETS ET PLIES FRITS. — *Rôts.* — Ils s'accommodent tous de la même manière : on les vide, on les lave, on les farine et on les fait frire à feu clair dans une friture bien chaude. Servez, saupoudrez de sel.

SOLES, LIMANDES, CARRELETS ET PLIES AU GRATIN. — *Entrées.* — Nettoyés, lavés et essuyés, on met du beurre manié de farine dans le plat, avec persil, ciboules, champignons, le tout haché avec sel et poivre ; on place son poisson dessus : on fait le même assaisonnement par dessus le poisson ; ajoutez un verre de vin blanc, et masquez de mie de pain. Couvrez votre plat, et faites cuire sur un fourneau. Servez à courte sauce.

EPERLANS. — *Rôt.* — Lavez-les, essuyez-les, et après les avoir enfilés dans une brochette, par les yeux, farinez et faites frire sans les vider.

ÉPERLANS AU GRATIN. — *Entrée.* — Comme les soles au gratin.

MERLAN AU GRATIN. — *Entrée.* — La chair du merlan est friable, tendre et légère, et meilleure frite ou rôtie que bouillie. Il y a peu de poissons aussi sains.

Mettez-le dans un plat entre deux lits de beurre maniés de farine, avec persil, ciboules, champignons hachés et chapelure ; ajoutez demi-verre de vin blanc, et un peu de glace ou de jus ; faites cuire à l'étouffée.

MERLANS FRITS. — *Rôt.* — Écaillez, videz et lavez vos merlans ; laissez-leur les foies dans le corps ; après les avoir bien essuyés, ciselez-les des deux côtés ; farinez et faites frire. Il faut que la friture soit très-chaude.

GRONDIN. — *Entremets.* — Le grondin se cuit au court-bouillon fait avec du vin blanc,

ognons en tranches, persil, laurier, clous de girofle, sel et gros poivre ; servez avec une sauce aux câpres et aux anchois, ou toute autre à votre choix. Ne mettez votre poisson dans le court-bouillon que lorsqu'il bout.

ROUGET. — *Entremets.* — Comme ci-dessus ; servez avec les mêmes sauces.

VIVES. — *Entremets.* — Comme les rougets, et servez-les avec les mêmes sauces.

Vous pouvez aussi faire une sauce avec une partie du court-bouillon, en y ajoutant un morceau de beurre manié de farine ; faites réduire, et ajoutez en servant quelques câpres ou un jus de citron.

Cette dernière sauce peut aussi servir pour le grondin et le rouget.

MOULES A LA POULETTE. — *Entrée.* — Raclez les coquilles pour en détacher tout ce qui y est adhérent ; lavez-les à plusieurs eaux ; mettez-les à sec dans une casserole sur un feu ardent ; retournez-les ; à mesure qu'elles s'ouvrent, ôtez une coquille à chacune ; passez au tamis l'eau que les moules ont rendue ; mettez-les dans une casserole avec beurre, persil, ciboules hachés, gros poivre et muscade râpée ; passez-les sur le feu ; ajoutez un peu de farine ; mouillez avec du bouillon et un peu de l'eau de vos moules ; faites bouillir deux minutes ; tenez-les ensuite chaudement sans bouillir ; au moment de servir, liez la sauce avec des jaunes d'œufs, et ajoutez du jus de citron.

MOULES AUX FINES HERBES. — *Entrée.* — Préparez comme les précédentes, jetez-les dans la casserole avec beurre, fines herbes,

poivre, sel; sautez-les, et laissez cuire dix minutes.

HUITRES.

Il existe peu d'alimens aussi faciles à digérer.
Les huîtres conviennent aux estomacs les plus
débiles ainsi qu'aux convalescens.

On reconnaît que l'huître est fraîche lorsque
l'eau où elle baigne est claire et limpide, et que
la chair en est lisse et brillante.

HOMARDS, LANGOUSTES ET CRA-
BES. — *Rôt.* — Le homard est une écrevisse
de mer qui nous arrive crue ou toute cuite. La
langouste est encore une espèce d'écrevisse;
mais elle ne vient que dans la Méditerranée.
Faites cuire vivement pendant vingt-cinq minutes dans vinaigre, eau, persil, bouquet garni
et épices.

Pour les apprêter, brisez leurs coquilles,
fendez-les sur le dos, enlevez avec une cuillère
tout ce qu'ils ont dans le corps, et le mettez
dans un vase. Mêlez-y une cuillerée à bouche
de moutarde, persil, échalottes hachés menu,
sel et gros poivre; ajoutez-y les œufs que l'on
trouve souvent sous la queue; délayez le tout
avec de l'huile et peu de vinaigre; formez-en
une rémoulade que vous servirez à part dans
une saucière.

La chair du homard est compacte, dure,
coriace et indigeste.

POISSON D'EAU DOUCE.

TRUITE A LA GENÉVOISE. — *Entrée.* — Écaillez, videz et lavez votre truite. On la fait cuire au court-bouillon, avec vin rouge ou blanc, ognons en tranches, persil, clous de girofle, laurier, un peu de thym et de sel; on la sert sur un lit de persil; mettez à côté un huilier ou une sauce faite avec une partie du court-bouillon, que vous liez avec un bon morceau de beurre manié de farine; faites réduire à grand feu.

On peut aussi la servir avec une sauce aux câpres, aux anchois, et la préparer de toutes les manières indiquées pour le saumon.

BROCHET AU BLEU OU COURT-BOUILLON. — *Relevé* ou *rôt.* — Faites-le cuire avec carottes en tranches, ognons coupés, bouquet garni, clous de girofle, thym, basilic, sel et gros poivre; mouillez avec du vin et moitié eau; mettez le brochet sur une feuille percée dans une poissonnière, ou si vous n'en avez pas, enveloppez-le d'un linge pour ne pas le rompre en le retirant. Il faut aussi ficeler la tête pour qu'elle ne se déforme pas; faites cuire à petit feu. Si vous le servez pour rôt, laissez-le refroidir, et mettez-le sur un lit de persil. Dans ce cas, on ne doit pas enlever les écailles.

BROCHET AUX CAPRES. — *Entrée.* — Cuit comme ci-dessus, enlevez les écailles et servez avec une sauce aux câpres et aux anchois.

BROCHETONS A LA MAITRE-D'HO-TEL. — *Entrée.* — Mettez-les sur le gril, enveloppés d'une feuille de papier beurrée, après les avoir saupoudrés de sel fin. Quand ils sont cuits, fendez-les par le dos, et remplissez-les avec un morceau de beurre manié de fines herbes comme les maquereaux.

MATELOTE. — *Entrée.* — Les poissons que l'on emploie de préférence sont l'anguille, la carpe, le barbillon, le brochet, la tanche et la lotte : on les coupe par tronçons après les avoir vidés; faites un roux, dans lequel vous mettez quelques petits ognons ; mouillez avec de l'eau et un demi-verre de bon vin rouge. Mettez votre poisson avec sel, ail, laurier, clou de girofle, champignons; placez les petits ognons en dessus; faites cuire deux heures à feu doux. Si la carpe a des laitances, on les fait cuire seulement cinq minutes avant de servir. Servez en pyramide avec croûtons et les ognons autour, et les laitances en dessus. En gras, on met des damiers ou carrés de lard. Au moment de servir, on ajoute à la sauce un petit morceau de sucre et un morceau de beurre.

MATELOTE A LA MARINIÈRE. — *Entrée.* — Préparé comme ci-dessus, mettez le poisson par tronçons, dans un chaudron à matelote, avec ail, laurier, thym, sel, vin rouge, assez pour que les tronçons y baignent; des petits ognons et du beurre. Dès que le vin commence à bouillir, versez dessus un demi-verre d'eau-de-vie que vous allumez et laissez cuire un quart d'heure. Retirez et servez.

CARPE A L'ETUVÉE. — *Entrée.* — Elle se prépare et s'accommode comme ci-dessus.

On peut y ajouter, en servant, du beurre manié de farine.

CARPES FRITES.—*Rôt.*—Fendez-les par le dos; farinez et mettez dans la friture; saupoudrez de sel et servez avec persil frit.

CARPE A LA CHAMBORD.—*Entrée.*—Piquez-en la chair avec du petit lard; mettez-la dans une poissonnière, avec une marinade grasse ou maigre; faites bouillir jusqu'à ce que le lard ait pris couleur. Au moment de servir, dressez votre carpe sur le plat avec une garniture de grosses quenelles, de riz de veau piqués, de belles écrevisses, de croûtons glacés, de culs d'artichauts cuits avec la carpe, versez dessus une sauce réduite faite avec le mouillement de votre carpe.

CARPE A LA PROVENÇALE—*Entrée.*—Faites-la cuire par tronçons dans un demi-verre de vin, avec huile, épices, un peu de beurre d'ail manié de farine, persil, échalottes, ciboules, champignons, le tout haché.

ANGUILLE EN MATELOTE. — *Entrée.* — (*Voyez* Matelote.)

ANGUILLE A LA TARTARE. — *Entrée.* — Dépouillez votre anguille; passez au beurre des carottes, des ognons coupés en tranches, et un bouquet garni; ajoutez un peu de farine; mouillez avec vin blanc; ajoutez sel, poivre et muscade râpée; faites bouillir demi-heure; passez la sauce, et mettez-y l'anguille coupée en tronçons; lorsqu'ils seront cuits, laissez-les refroidir, roulez-les dans la mie de pain; trempez-les ensuite dans l'œuf battu, pour les paner une seconde fois ; faites griller à petit feu, et couvrez avec le four de campagne : servez sur une sauce froide à la tartare.

BARBILLON. — Gros, on le fait cuire au bleu comme la carpe ; petit, on le met en matelote ; on le fait aussi griller, et on le sert avec une sauce aux câpres et aux anchois.

TANCHE. — Pour l'écailler, il faut la tremper dans l'eau presque bouillante.

On la sert grillée, avec une sauce aux câpres et aux anchois.

On la prépare aussi à la poulette.

PERCHES. — Faites-les cuire au court-bouillon avec du vin blanc ; on peut les servir avec une sauce à l'huile ou aux câpres.

On peut aussi les apprêter en matelote, après les avoir trempées un instant dans l'eau presque bouillante, pour les écailler.

LOTTE. — Il lui faut peu de cuisson ; on la mange frite, en étuvée, en matelote, ou à la poulette.

LAMPROIE. — Elle se prépare comme la tanche, la carpe et l'anguille.

GOUJONS. — *Rôt.* — Videz, farinez et faites frire ; servez garni de persil frit.

ECREVISSES. — *Entremets.* — Faites-les cuire dans un court-bouillon mouillé de vin blanc, ou d'eau et de vinaigre, à grand feu ; laissez-les refroidir dans leur cuisson. Servez en buisson sur un lit de persil, après les avoir fait égoutter.

GRENOUILLES EN FRICASSÉE DE POULETS. — *Entrée.*

— Les cuisses dépouillées de leur peau, faites-les blanchir un instant à l'eau bouillante; retirez-les à l'eau froide, faites-les égoutter et cuire comme une fricassée de poulets.

GRENOUILLES FRITES. — *Entremets.*

— Après avoir blanchi les cuisses de grenouilles, faites-les mariner pendant une heure; trempez-les dans une pâte à frire : faites frire de belle couleur.

ESCARGOTS. — *Entrée.*

— Mettez de l'eau dans un chaudron avec une poignée de cendre ; quand elle commence à bouillir , jetez-y les escargots; au bout d'un quart-d'heure, vous pouvez les retirer de leurs coquilles ; lavez-les à plusieurs eaux ; faites-les bouillir un instant dans une eau nouvelle, puis égouttez et passez-les dans le beurre ; saupoudrez de farine, mouillez de bouillon et de vin blanc ; ajoutez bouquet garni, épices et champignons, et accommodez comme les grenouilles en fricassée de poulet.

LÉGUMES.

POIS VERTS.

PETITS POIS. — *Entremets*. — Mettez-les dans la casserole avec beurre frais, bouquet, et, si l'on veut, un cœur de laitue ou de romaine coupé en morceaux, petits ognons, sel et sucre; remuez, faites bouillir à petit feu une demi-heure; retirez le bouquet, ajoutez un morceau de beurre manié de farine et servez.

PETITS POIS A L'ANGLAISE. — *Entremets*. — Faites cuire dans l'eau et servez sur beurre frais comme à la maître-d'hôtel.

POIS AU LARD. — *Entremets*. — Faites un roux léger; passez-y du lard coupé en tranches minces; mouillez avec du bouillon, et mettez-y vos pois avec bouquet de persil et ciboules, sel et poivre; faites cuire à petit feu.

Les pois secs ne servent qu'à faire de la purée.

PURÉE DE POIS VERTS. — *Entremets*. — Prenez deux litres de pois verts et un quarteron de beurre; mettez-les dans l'eau bouillante, et faites cuire avec persil, ciboule et sel; passez votre purée,

PURÉE DE POIS SECS. — *Entremets.* — Laissez-les tremper dans l'eau tiède pendant douze heures ; mettez-les dans une marmite, avec lard, carottes, ognons, clous de girofle, bouquet de persil, ciboules, thym et laurier ; vos pois cuits, passez-les, en les mouillant un peu avec le bouillon dans lequel ils auront cuit ; mettez votre purée dans une casserole, en la mouillant du même bouillon, et faites-la cuire.

FÈVES A LA BOURGEOISE. — *Entremets.* — Mettez-les dans une casserole avec beurre, bouquet de persil, ciboule, sariette ; passez sur le feu, mettez une pincée de farine, un peu de sucre, et mouillez avec du bouillon ; quand la cuisson est faite, mettez une liaison de jaunes d'œufs délayés avec un peu de lait, et servez.

FÈVES A LA MAITRE-D'HOTEL. — *Entremets.* — Comme les haricots verts.

HARICOTS BLANCS. — Les *haricots blancs nouveaux* doivent être cuits à l'eau bouillante, c'est-à-dire que l'on doit les jeter dans l'eau au moment où elle donne ses premiers bouillons ; on y ajoute du sel, on fait bouillir à grand feu, on les retire quand ils sont suffisamment cuits, et on les met égoutter dans une passoire pour les accommoder suivant qu'on le jugera convenable.

Les haricots blancs secs se cuisent de même, excepté qu'ils doivent être mis à l'eau froide.

PURÉE DE HARICOTS. — *Entremets.* — Comme celle des pois secs.

HARICOTS ROUGES A L'ETUVÉE. —

Entremets. — Mettez-les dans l'eau avec lard et petits ognons; quand ils seront cuits, vous ajouterez beurre, fines herbes et verre de vin; vous ferez bouillir un quart d'heure, et servirez le tout ensemble.

HARICOTS BLANCS A LA MAITRE-D'HOTEL. — *Entremets.*

— Mettez-les dans une casserole avec beurre frais, persil et ciboules hachés; assaisonnez-les d'un filet de verjus, et servez chaudement.

HARICOTS BLANCS AU GRAS. — *Entremets.*

— Faites roussir dans de bonne graisse un ognon et du persil haché; le persil doit être mis bien après l'ognon; joignez vos haricots avec sel, poivre, filet de vinaigre et bouillon des haricots; après une demi-heure de cuisson à grand feu, servez.

HARICOTS VERTS AU MAIGRE. — *Entremets.*

— Faites-les cuire à l'eau de sel; mettez dans une casserole du beurre manié de farine, persil et ciboules hachés, ou un bouquet; mettez les haricots quand le beurre est fondu; tournez-les et mouillez avec du bouillon; assaisonnez de sel et poivre; au moment de servir, mettez une liaison de jaunes d'œufs délayés avec de la crème et du lait. Vous pouvez ajouter un peu de jus de citron.

Au gras, on remplace la liaison par du jus, ou par un fond de cuisson réduit.

HARICOTS VERTS A LA MAITRE-D'HOTEL. — *Entremets.*

— Lorsque vos haricots sont cuits à l'eau de sel, et suffisamment égouttés, tenez-les chaudement, faites tiédir un morceau de beurre manié de fines herbes, et arrosez-en vos haricots; vous assaisonnez le beurre de sel et gros poivre.

HARICOTS BLANCS ET VERTS A L'ANGLAISE. — *Entremets*. — Cuits à l'eau bouillante, servez avec un morceau de beurre frais par dessus.

LENTILLES. — *Entremets*. — Mises à l'eau froide et cuites, elles se préparent comme les haricots blancs.

PURÉE DE LENTILLES. — *Entremets*. — Comme celle aux pois secs, excepté qu'il faut y verser plus de mouillement, parce qu'elle doit bouillir plus long-temps pour qu'elle rougisse.

POMMES DE TERRE A LA MAITRE-D'HOTEL. — *Entremets*. — Prenez des pommes de terre dites vitelottes, faites-les cuire, épluchez-les, coupez-les en tranches; faites tiédir du beurre assaisonné de fines herbes, sel et gros poivre, et d'un peu de jus de citron; versez sur les pommes de terre, ou sautez-les un instant dans la casserole avec l'assaisonnement.

POMMES DE TERRE AU BLANC. — *Entremets*. — Coupez des pommes de terre cuites en tranches; faites fondre dans une casserole un bon morceau de beurre manié de farine : ajoutez de la crême ou du lait, du persil et de la ciboule hachés, sel, poivre et muscade râpée ; faites bouillir la sauce, et mettez-y vos pommes de terre. Au moment de servir, ajoutez une liaison de jaunes d'œufs.

POMMES DE TERRE FRITES AU BEURRE. — *Entremets.* — Crues, coupez-les en tranches minces; mettez-les avec du beurre dans une casserole ou une poêle, sur un feu vif; retournez-les en les sautant jusqu'à ce qu'elles soient bien colorées; égouttez-les, et arrangez-les en buisson sur un plat, en les saupoudrant de sel fin.

POMMES DE TERRE SAUTÉES AU BEURRE. — *Entremets.* — Cuites à l'eau, coupez-les par quartiers, mettez dans une casserole un morceau de beurre frais dans lequel vous sautez de temps en temps les pommes de terre; faites cuire pendant une demi-heure sur un feu doux; et saupoudrez de sel en les servant.

PURÉE DE POMMES DE TERRE. — *Entremets.* — Cuites comme ci-dessus, vous les pilez dans un vase en les délayant avec du bouillon (avec crème ou lait pour maigre); puis vous les mettez dans une casserole avec un morceau de beurre, et vous faites prendre à votre purée la consistance d'une bouillie épaisse, en la remuant continuellement pendant demi-heure.

TOPINAMBOURS. — Cuits à l'eau comme les pommes de terre, coupez-les en tranches pour salades; crus, trempez-les dans une pâte à frire. Faites-les frire de belle couleur. Saupoudrez-les de sel à mesure que vous les tirez de la friture.

NOTA. On peut se servir du topinambour pour remplacer dans les ragoûts les culs d'artichauts dont il a un peu la saveur.

CAROTTES. — *Entremets.* — Ratissez et lavez vos carottes; faites-les blanchir à l'eau bouillante, coupez-les en filets, passez-les au feu avec beurre, sel, poivre, persil haché, faites cuire et mouillez avec du lait; liez de jaunes d'œufs et servez.

Au gras, mettez-les dans une casserole avec des tranches de lard, persil, ciboules, sel, poivre, mouillez avec du bouillon et du jus, faites cuire et réduire à courte sauce.

NAVETS AU JUS. — *Entremets.* — Faites-les roussir dans du beurre; mouillez avec du bouillon et du jus; assaisonnez; faites-les cuire à petit feu, et servez à courte sauce.

OGNONS EN MATELOTE. — *Entremets.* — Faites un roux avec beurre, farine et sucre; passez-y des ognons blancs, jusqu'à ce qu'ils aient pris couleur; mouillez avec vin blanc et bouillon, ou quelque fond de cuisson; assaisonnez de poivre, muscade râpée et bouquet garni, peu de sel; quand vos ognons seront cuits, retirez-les et tenez-les chaudement; faites réduire la sauce; ajoutez-y, au moment de servir, un petit morceau de beurre; versez la sauce sur vos ognons.

Cuits dans le bouillon, égouttés et refroidis, les ognons se mangent aussi en salade.

PURÉE D'OGNONS. — *Entremets.* — Mettez-les dans la casserole avec du beurre frais; faites aller doucement pour que la purée se conserve blanche. Les ognons cuits, mettez du sel, une cuillerée de farine, et éclaircissez avec de bonne crême; ajoutez du sucre gros comme une noix. Au moment de servir, passez et servez avec ce que vous voudrez.

SALSIFIS ET SCORSONÈRES. — *Entremets*. —

Ratissez-les à blanc; jetez-les à mesure dans l'eau, où vous aurez mis un peu de vinaigre; faites-les cuire à grande eau, avec sel et vinaigre; cuits, vous les égouttez, et les servez avec une sauce blanche au beurre.

Au gras, faites un roux léger; mouillez avec du jus ou du bouillon; faites réduire, et mettez-y vos salsifis.

Frits, il faut, après les avoir égouttés, les faire mariner avec un peu de vinaigre, sel et poivre; trempez les dans une poêle à frire; que votre friture soit bien chaude; retirez-en les salsifis, aussitôt qu'ils ont une belle couleur.

CÉLERI AU JUS. — *Entremets*. —

Parez des pieds de céleri, en ôtant les premières feuilles qui sont dures; coupez-les d'égale longueur; faites-les blanchir; faites un roux léger; passez-y votre céleri; mouillez avec bouillon; assaisonnez de sel, poivre et muscade râpée : cuit, liez la sauce avec du jus.

CÉLERI FRIT. — *Entremets*. —

Blanchi dans l'eau salée, égouttez, mettez-le sur un plat, saupoudrez de sucre, faites une pâte à frire, trempez vos pieds de céleri dedans, et faites frire.

CARDES ET CARDONS D'ESPAGNE. — *Entremets*. —

Effilez, lavez et jetez dessus de l'eau bouillante pour en ôter le duvet; mettez-les ensuite dans l'eau fraîche, citronnez-les; faites-les cuire continuellement à l'eau bouillante dans une marmite de terre avec jus de citron, bouquet, moelle de bœuf, lard gras, ognons, thym et laurier; lorsqu'elles sont cuites, égouttez-les, et servez avec sauce blanche ou sauce blonde avec jus.

CARDES AU JUS. — *Entremets.* — Cuites comme les précédentes, faites dans une casserole un roux de beurre et de farine ; mouillez de bouillon avec épice, et bouquet de persil. Faites bouillir et jetez vos cardes dans cette sauce que vous ferez réduire.

CARDONS A LA MOËLLE. — *Entremets.* — Parez, ficelez, et commencez de cuire dans le bouillon avec jus de citron et sel. Mettez-les ensuite dans un consommé, et laissez-les bouillir doucement jusqu'à ce qu'ils soient presque réduits en glace. Servez bouillant avec des croûtons imbibés de moelle de bœuf.

ASPERGES. — *Entremets.* — On les épluche en les râclant avec un couteau, et on les met dans l'eau bouillante ; quinze ou vingt minutes suffisent pour les cuire. Il faut bien saisir le moment pour les retirer ; si on les laisse trop long-temps, elles deviennent mollasses et filandreuses. Il faut les étaler ; si on les laissait en tas, elles se recuiraient par leur propre chaleur.

On les sert avec une sauce blanche dans une saucière à part.

Froides, on les mange à l'huile.

POINTES D'ASPERGES EN PETITS POIS. — *Entremets.* — Coupez toute la partie de petites asperges en tronçons de quatre à cinq lignes ; faites blanchir à l'eau de sel ; mettez-les dans de l'eau froide pour en conserver la couleur ; égouttez-les, et accommodez comme les petits pois.

ARTICHAUTS. — *Entremets.* — Eplu-
chez-les en ôtant les dernières feuilles les plus
petites, et en coupant au vif le dessous ; coupez
aussi l'extrémité des feuilles ; mettez-les dans
l'eau bouillante avec du sel ; cuits, égouttez-les ;
enlevez les feuilles du milieu ; retirez le foin,
et remettez les feuilles en place ; servez avec
une sauce blanche ou à l'huile.

ARTICHAUTS FRITS. — *Entremets.* —
Epluchés et blanchis, coupez-les en huit ou
douze, selon leur grosseur ; ôtez-en le foin ;
coupez les feuilles extérieures à leur jonction
avec le cul ; ne laissez que les plus tendres ;
trempez-les dans une pâte à frire ; faites frire
de belle couleur.

ARTICHAUTS A LA BARIGOULE. —
Entremets. — Parez et faites-les cuire dans du
bouillon jusqu'à ce qu'ils soient assez amollis
pour en retirer le foin ; ôtez les feuilles du milieu et le foin, passez ensuite les artichauts,
bien égouttés, dans une friture chaude, pour
faire prendre couleur à l'extrémité des feuilles ;
hachez et pilez des parures de lard avec champignons, persil, échalottes, sel et gros poivre,
beurre, huile, le tout mêlé ensemble ; rem-
plissez-en vos artichauts, que vous ficellerez
pour qu'ils ne s'effeuillent pas, et achevez de
cuire à petit feu, sur une tourtière beurrée,
avec un peu de bouillon et un verre de vin
blanc ; vous servirez sur une sauce composée
des mêmes ingrédiens dont vous aurez farci vos
artichauts.

ARTICHAUTS FARCIS. — *Entremets.*
— A demi-cuits dans l'eau, vous les farcissez
de viande, persil et ciboules hachés ; achevez de

cuire ; servez avec fines herbes, huile et jus de citron.

CONCOMBRES. — Enlevez la peau et fendez-les en quatre pour en supprimer leurs graines ; jetez-les dans l'eau bouillante avec du sel ; laissez cuire, puis retirez et égouttez.

CONCOMBRES A LA MAITRE-D'HOTEL. — *Entremets*. — Mettez dans une casserole du beurre manié de persil, ciboule hachés, sel et poivre ; faites-y sauter vos concombres.

CONCOMBRES A LA POULETTE. — *Entremets*. — Mettez dans une casserole du beurre manié de farine ; mouillez de crême ou de bouillon ; faites-y sauter vos concombres et liez la sauce avec jaunes d'œufs et filet de vinaigre.

CONCOMBRES FARCIS. — *Entremets*. — Il faut les peler et les vider avec une cuillère à café ; vous les remplissez d'une farce de viande ou de poisson ; fermez l'ouverture avec un morceau de carotte taillé en bouchon, et faites cuire dans une casserole avec bardes de lard et bouquet garni, que vous mouillerez de bon bouillon. Vous servirez vos concombres sous une sauce tomate ou toute autre sauce, en ayant soin de retirer les bouchons de carotte.

AUBERGINES A LA LANGUEDOCIENNE. — Fendez-les en deux dans le sens de leur longueur ; ôtez les graines, et ciselez la chair avec la pointe d'un couteau, en long et en large, de manière à former des carrés ou losanges ; saupoudrez-les de sel fin, de gros poivre et muscade râpée ; mettez-les sur le gril à feu doux , et arrosez-les d'huile.

On les sert aussi farcies.

TOMATES. — Elles servent à faire la sauce qui porte leur nom.

EPINARDS. — *Entremets.* — Bien épluché, ce légume cuit dans l'eau avec du sel et haché, s'assaisonne au gras avec du bouillon et du beurre ; au maigre, avec lait, beurre et sucre. On le sert avec des croûtons frits.

CHICORÉE BLANCHE. — *Entremets.* — Elle se mange en salade et sert à garnir des ragoûts : dans ce dernier cas, on la fait cuire dans l'eau bouillante ; quand elle est bien égouttée et hachée, on l'assaisonne avec beurre, bouillon ou jus, et on la sert sous toutes sortes de viandes de boucherie rôties.

CHICORÉE SAUVAGE. — *Entremets.* — On ne la mange qu'en salade.

LAITUE. — *Entremets.* — Liez-la et faites cuire à l'eau bouillante avec sel ; lorsqu'elle est cuite, pressez-la pour l'égoutter. Mettez dans une casserole beurre frais et farine ; délayez et ajoutez la laitue, de la muscade, sel, filet de vinaigre, laissez bouillir dix minutes.

Au jus, mettez dans la casserole graisse, jus et farine.

BETTERAVES. — *Entremets.* — Cuites dans l'eau ou au four, elles se mangent en salade et en fricassée. Pour les fricasser, mettez-les dans une casserole avec beurre, persil, ciboules, un peu d'ail, pincée de farine, vinaigre, sel, poivre ; faites les bouillir un quart-d'heure. On les sert encore à la sauce blanche.

Coupées en tranches, on en décore les salades.

POTIRON ET CITROUILLE. — *Entremets*. — Coupez par morceaux que vous jetez dans l'eau bouillante avec sel ; faites cuire en purée ; mettez dans la casserole beurre, crème ; ajoutez la purée de potiron, poivre, sel, farine ; faites mijoter un quart-d'heure ; liez de jaunes d'œufs et servez.

FARCE D'OSEILLE. — *Entremets*. — Epluchez oseille, poirée, laitue, belle-dame, cerfeuil ; faites cuire à l'eau bouillante ; retirez et mettez à l'eau froide ; hachez. Mettez un morceau de beurre dans une casserole et ensuite votre farce, avec farine, sel et poivre ; mouillez avec du lait et faites mijoter une demi-heure ; liez de jaunes d'œufs et servez sur votre farce des œufs durs coupés en quatre.

OSEILLE AU GRAS. — *Entremets*. — Cuite comme ci-dessus, ajoutez du beurre ; tournez jusqu'à ce que le beurre commence à frémir ; mouillez avec du jus, un fond de cuisson ou du bouillon ; faites réduire.

CHOU FARCI. — *Entrée*. — Faites-le blanchir à l'eau bouillante ; mettez-le dans l'eau froide, et ensuite pressez-le avec les mains pour bien l'égoutter ; enlevez avec un couteau tout le trognon ; écartez les feuilles sans les casser, et remplissez le chou avec une farce composée de restes de viandes, de lard ou chair à saucisse, mêlée avec marrons rôtis hachés ; couvrez l'ouverture ; ficelez pour qu'il ne se déforme pas ; posez votre chou, l'ouverture en haut, dans une casserole, sur des bardes de lard; couvrez-le ainsi par-dessus; ajoutez carottes, ognons, clous de girofle, bouquet garni, gros poivre et muscade râpée, mouillez avec du bouillon. Faites cuire à petit feu et réduire la sauce, que vous passerez au tamis avant de servir.

CHOU AU LARD. — *Entrée.* — Coupé par quartier, faites-le blanchir; mettez-le dans une casserole sur des bardes de lard, avec petit salé; mouillez avec bouillon; assaisonnez avec gros poivre, muscade râpée, bouquet de persil et ciboules; faites bouillir et ensuite cuire à petit feu; dressez le chou sur un plat, le morceau de petit salé par-dessus; réduisez la cuisson; liez-la avec beurre manié de farine, et versez sur le chou que vous avez tenu chaudement.

CHOUX A LA CRÈME. — *Entrée.* — Cuits à l'eau bouillante avec une poignée de sel, passez-les à la casserole avec beurre, sel, poivre, muscade, farine, et mouillez avec de la crème.

CHOUX DE BRUXELLES. — *Entremets.* — Cuits dans l'eau avec du sel, on les saute à la casserole avec du beurre et un jus de citron.

CHOUX-FLEURS. — *Entrée.* — Jetez-les dans l'eau bouillante et faites égoutter après cuisson. Servez sur une *sauce blanche, blonde, au jus,* ou en salade.

CHOUX-FLEURS AU FROMAGE. — *Entrée.* — Préparez une sauce blanche dans laquelle vous râperez du fromage de Gruyère et de Parmesan, versez cette sauce sur vos choux, saupoudrez des deux fromages, puis étendez dessus avec un pinceau une couche de beurre fondu, répandez sur le tout de la mie de pain, et mettez prendre couleur sous un four de campagne.

CHOUCROUTE. — *Entremets.* — Lavez-la bien et faites-la cuire dans une casserole avec graisse de rôti, de jambon, et ajoutez-y saucisson, petit salé, etc., deux verres de vin blanc; lorsqu'elle est cuite, servez les saucissons et petit salé dessus.

CHAMPIGNONS. — Ceux qu'on mange le plus ordinairement sont le champignon de couche et la morille. La prudence veut qu'avant de préparer pour la table les champignons qui paraissent même de la meilleure qualité, on les fasse tremper quelques minutes dans un mélange d'eau et de vinaigre.

CHAMPIGNONS EN CAISSE. — *Entremets.* — Faites une caisse de papier que vous beurrez; mettez dedans vos champignons coupés par morceaux avec beurre, persil, ciboule, échalotte hachés, sel, poivre; mettez-les sur le gril et faites cuire à feu doux; servez dans la caisse.

CHAMPIGNONS SUR LE GRIL. — *Hors d'œuvre.* — Il faut les choisir gros : on en ôte la tige; on les place sur le gril, leur creux en dessus, que l'on remplit de beurre, sel, poivre et fines herbes, au moment de servir, comme on fait pour des rognons à la brochette.

CHAMPIGNONS EN FRICASSÉE DE POULET. — *Entremets.* — Faites-les blanchir; remettez-les à l'eau froide et les essuyez, mettez-les dans une casserole avec beurre; faites revenir; ajoutez farine, sel et poivre, bouquet de persil; mouillez avec du bouillon; faites une liaison de jaunes d'œufs avec une demi-cuillerée de vinaigre, au moment de servir.

CROUTE AUX CHAMPIGNONS. — Epluchez des champignons; fendez en quatre les plus gros; mettez-les dans une casserole avec beurre, bouquet de persil et ciboules; passez le tout au feu; ajoutez un morceau de beurre manié de farine, et mouillez avec du bouillon; assaisonnez de poivre et muscade râpée; faites bouillir et ensuite cuire à petit feu; au moment de servir, retirez le bouquet, et mettez une liaison de jaunes d'œufs délayés avec de la crême; mettez dans le milieu de votre plat la croûte grillée et beurrée d'un pain chapelé, dont vous aurez ôté la mie, et versez votre ragoût de champignons sur cette croûte.

EMINCÉ DE TRUFFES. — *Entremets.* — Coupez des truffes en tranches minces, passez-les au beurre; ajoutez des échalottes et du persil haché, sel et gros poivre; mouillez avec un verre de bon vin blanc et deux cuillerées de jus; au moment de servir, mettez une cuillerée d'huile ou un petit morceau de beurre.

TRUFFES AU VIN. — *Entremets.* — Cuites dans de bon vin blanc avec bouquet garni et épices, servez dans une serviette.

MARRONS. — On en fait de la purée.

On les sert rôtis, enveloppés dans une serviette.

On les fait entrer dans des farces, et on les emploie en garniture.

MACARONI. — Faites cuire une livre de macaroni avec du bouillon et du beurre manié de fécule de pommes de terre, sel, poivre et muscade râpée ; il ne faut pas le faire trop cuire ; il suffit qu'il cède facilement sous le doigt ; retirez-le pour le faire égoutter ; mettez-le ensuite dans une casserole avec un quarteron de beurre, demi-livre de fromage râpé, poivre et muscade ; sautez le tout ensemble ; ajoutez un peu de crème ; servez lorsque le fromage est bien fondu et commence à filer.

Si vous le voulez au gratin, après l'avoir préparé comme ci-dessus, et dressé dans un plat, panez-le de mie de pain mêlée avec autant de fromage ; arrosez avec du beurre tiède, et faites prendre couleur sous le four de campagne, ou avec une pelle rouge.

ŒUFS.

ŒUFS A LA COQUE. — *Hors-d'œuvre.* Mettez-les dans l'eau bouillante ; retirez le vase et couvrez-le ; quatre à cinq minutes suffisent.

ŒUFS BROUILLÉS. — *Entremets.* — Faites tiédir du beurre dans la casserole ; mettez-y vos œufs battus avec sel et poivre ; remuez continuellement ; ajoutez cuillerée de bouillon, de crème ou de jus.

ŒUFS BROUILLÉS AUX POINTES D'ASPERGES. — *Entremets.* — Comme ci-dessus, en ajoutant, lorsque vous aurez mêlé les œufs avec le beurre, une poignée de pointes d'asperges.

ŒUFS BROUILLÉS AU JAMBON. — *Entremets.* — Ajoutez dans vos œufs du jambon et deux cuillerées de jus.

ŒUFS POCHÉS. — *Entremets.* — Il faut qu'ils soient bien frais. On met dans une casserole eau, vinaigre et sel ; quand elle est bouillante, on casse deux œufs à la fois que l'on jette dedans ; la cuisson terminée, on les retire de l'eau chaude pour les mettre dans l'eau froide, et on les pare en coupant toutes leurs inégalités : pour les servir on les met chauffer, on les égoutte et on les met dans le plat avec du jus, de la chicorée, de la purée, ou d'autres sauces à volonté.

ŒUFS SUR LE PLAT. — *Entremets.* — On étend du beurre sur un plat de terre, on le saupoudre de sel, puis on casse les œufs sans crever les jaunes ; vous mettez dessus, d'espace en espace, de petits morceaux de beurre, avec cuillerée de crème et muscade râpée, et vous achevez de cuire en passant la pelle rouge sur vos œufs.

ŒUFS FRITS. — *Entremets.* — Vous pouvez employer pour friture, du beurre ou de l'huile ; cassez-les sur la poêle, et versez-les doucement pour qu'ils ne se déforment pas ; n'en faites frire qu'un seul à la fois ; lorsque le blanc bouillonne, abaissez-le avec une écumoire ;

ne laissez pas durcir le jaune ; ces œufs se servent comme les œufs pochés.

On peut aussi les servir à part avec du jus, une sauce piquante ou une sauce tomate.

ŒUFS A LA TRIPE. — *Entremets.* — Faites roussir beurre et farine, ajoutez ognons coupés en petits carrés ; faites-les cuire dans ce roux, et mouillez avec du bouillon. Quand l'ognon est cuit, vous y mettez des œufs durs coupés en tranches ; faites-leur faire un bouillon ; mettez un filet de vinaigre, sel et poivre, servez à courte sauce.

ŒUFS A LA NEIGE. — *Entremets.* — Faites bouillir dans une casserole une chopine de lait, deux cuillerées de fleur d'orange, un demi-quarteron de sucre en poudre ; jetez-y les blancs d'œufs bien fouettés, en les retournant avec une écumoire pour qu'ils cuisent de tous côtés ; dressez-les sur le plat hors du feu ; vous ferez lier le lait sur le feu avec les jaunes d'œufs délayés, et vous verserez sur les œufs la neige ; on sert froid.

OMELETTE. — *Entremets.* — On la fait au beurre ou au lard qu'on fond auparavant dans la poêle.

Les omelettes aux rognons de veau et aux pointes d'asperges se font en mêlant avec les œufs le rognon cuit émincé, et les pointes d'asperges cuites aussi et coupées en petits tronçons.

Pour les omelettes aux truffes, aux champignons, aux mousserons, etc., on prépare ces substances comme si on voulait les servir en ragoût, on les hache et on les mêle avec leur sauce à l'omelette.

OMELETTE SOUFFLÉE. — *Entremets.*
— Séparez les blancs et les jaunes de six œufs ;
mêlez avec les jaunes quatre cuillerées de sucre
en poudre ; fouettez les blancs d'œufs jusqu'à ce
qu'ils soient en neige ; mêlez-les avec leurs jaunes ;
faites fondre un quarteron de beurre sur un feu
doux ; mettez-y les œufs et remuez en rame-
nant par dessus ce qui est au fond ; quand l'omelette a bu le beurre, glissez-la, en la repliant,
sur un plat beurré, que vous mettrez sur des
cendres rouges ; couvrez avec un four de campagne et bon feu dessus ; il suffit d'un instant
pour que l'omelette soit levée. Saupoudrez de
sucre et servez sur-le-champ.

OMELETTE AU FROMAGE. — *Entremets.* — Mêlez avec vos œufs du gruyère râpé ;
assaisonnez de poivre et d'un peu de sel proportionné au degré de salaison du fromage ; versez
le tout dans la poêle où vous avez fait fondre du
beurre ; faites cuire et servez chaud.

**OMELETTE AU LARD OU AU JAM-
BON.** — *Entremets.* — Faites cuire, coupés
en dés, le lard ou le jambon à la poêle avec un
peu de beurre. Versez ensuite les œufs battus,
épicés, sans sel.

OMELETTE AU SUCRE. — *Entremets
sucré.* — Battez séparément les blancs ; mêlez
aux jaunes quelque peu de zeste de citron ;
ajoutez les jaunes aux blancs, et battez bien le
tout ensemble, en y joignant de la crême et
peu de sel ; mettez alors votre omelette dans la
poêle, faites cuire, sucrez-la dans la poêle ;
renversez-la sens dessus dessous sur une assiette,
et mettez-la dans un plat ; saupoudrez de sucre

en poudre, et passez la pelle rouge dessus; servez chaud.

OMELETTE AU RHUM. — *Entremets sucré.* — Vous dressez sur un plat l'omelette sucrée ci-dessus, l'arrosez abondamment de rhum auquel vous mettez le feu au moment de servir sur table.

ENTREMETS SUCRÉS.

CHARLOTTE DE POMMES. — Pelez vos pommes, coupez-les par morceaux et retranchez les cœurs; faites-les réduire en marmelade dans une casserole avec du sucre et un zeste de citron; formez une pâte épaisse d'un petit doigt, dont vous garnissez tout l'intérieur d'une casserole qu'auparavant vous aurez bien beurrée; placez dans cette pâte un lit de votre marmelade, un lit de marmelade d'abricots et ainsi alternativement, recouvrez le tout d'une galette de la même pâte, et faites cuire au four ou sous le four de campagne. Lorsque la charlotte aura pris couleur, renversez-la sur le plat que vous devez servir.

CHARLOTTE DE POIRES. — Pelez des poires dont vous ôterez les cœurs; coupez-les en morceaux; mettez-les dans une casserole avec un verre d'eau; faites cuire jusqu'à ce que les poires cèdent sous le doigt; pulpez-les sur un tamis de crin un peu clair, en les écrasant avec une cuillère; ajoutez sucre, cannelle en poudre, jus de citron; préparez et faites cuire comme ci-dessus.

CHARLOTTE DE PÊCHES.— Pelez des pêches, et ôtez-en les noyaux; faites-les fondre dans une bassine avec du sucre; quand elles sont bien fondues, retirez de la bassine une cuillerée de jus de pêche; faites-le refroidir à moitié; et délayez-y deux cuillerées de fécule de pommes de terre; faites jeter quelques bouillons, et quand la marmelade vous paraîtra bien liée et assez consistante, versez-la dans un vase de faïence pour la faire refroidir; faites la charlotte comme celle de pommes.

BEIGNETS DE POMMES. — Pelez des pommes de reinette, coupez-les en tranches en supprimant le cœur: faites mijoter dans un peu d'eau-de-vie mêlée de sucre et d'un jus de citron; jetez vos tranches de pommes dans une pâte à frire, puis dans la friture bouillante; servez chaud saupoudré de sucre fin.

Les beignets de *pêches*, d'*abricots*, d'*oranges*, de *prunes*, se font de même, mais coupés par quartiers et débarrassés de leurs noyaux et pépins.

GATEAUX DE RIZ. — Faites cuire et mouillez peu à peu avec une chopine de crême, zeste de citron, sel et sucre. Quand il sera crevé et bien épais, retirez l'écorce de citron, laissez refroidir; ajoutez un morceau de beurre frais, fleur d'orange, œufs battus dont vous supprimerez moitié des blancs; mêlez le tout. Enduisez un moule de beurre et de mie de pain. Versez dans votre appareil; faites cuire sous le four de campagne.

GATEAU D'AMANDES. — Prenez farine, beurre, sucre, de chacun la pesanteur de trois œufs, que vous mêlerez blanc et jaune avec trois onces d'amandes douces et un peu de zeste de citron ; pilez le tout dans un mortier pour en faire une pâte que vous mettrez dans une tourtière enduite de beurre frais ; faites cuire à petit feu ; servez, chaud ou froid, saupoudré de sucre.

GATEAU DE POMMES AU RIZ. — Préparez du riz comme si vous vouliez faire un gâteau de riz ; employez des œufs entiers légèrement battus ; mettez deux doigts de ce riz au fond d'une casserole beurrée, et une épaisseur égale tout autour des parois, remplissez l'intérieur de marmelade de pommes, et faites cuire comme un gâteau de riz.

CROQUETTES DE POMMES DE TERRE. — Cuites à l'eau, pilez-les dans un mortier, et passez au tamis ; ajoutez-y moitié de beurre, avec sel, épices, persil haché, jaunes d'œuf ; pilez le tout ensemble ; roulez votre pâte en boulettes, panez-les et faites frire.

CROQUETTES DE RIZ. — Préparez la pâte comme ci-dessus ; pétrissez en boulettes longues, que vous farinez et faites frire.

PETS-DE-NONNE. — Mettez dans la casserole du beurre, un verre d'eau, de l'écorce de citron, un peu de sucre et de sel. Faites jeter un bouillon et ajoutez autant de farine que l'eau en pourra boire en remuant continuellement ; lorsque la pâte est très-épaisse, vous la mouillez de trois ou quatre œufs mis l'un après l'autre, et vous remuez sans cesse. Cette pâte faite, jetez-

la par petites boules dans la friture à peine tiède,
elles enfleront, et l'intérieur restera vide ; vous
achèverez de frire de belle couleur en mettant
votre poêle sur un grand feu : servez saupoudrés
de sucre.

CRÊPES. — Prenez trois cuillerées de fécule
de pommes de terre ou de farine, cinq ou six
jaunes d'œufs, et trois œufs entiers, du sucre
en quantité suffisante, une once d'eau de fleur
d'orange ; mêlez bien le tout ensemble, et délayez ensuite avec du lait jusqu'à consistance de
bouillie claire ; mettez un peu de beurre dans
une poêle, seulement ce qu'il en faut pour la
beurrer partout ; lorsque le beurre est fondu,
et que vous l'avez fait passer sur toute la superficie de la poêle, mettez-y une cuillerée de
votre pâte, étendez-la bien sur tout le fond de
la poêle, en l'inclinant dans tous les sens ; re-
tournez-la pour lui faire prendre couleur ; saupoudrez de sucre et servez brûlant.

SOUFFLÉ DE RIZ. — Prenez farine de
riz, faites-en une bouillie épaisse ; assaisonnez
de sucre, de macarons pilés ; parfumez avec de
la vanille ou de la fleur d'orange ; ajoutez quatre
ou cinq jaunes d'œufs, et les blancs fouettés en
neige ; mettez dans une tourtière sous le four
de campagne ; saupoudrez de sucre : on substitue de la fécule à la farine de riz, si l'on veut un
soufflé aux pommes de terre.

CRÊMES.

CRÊME A LA FLEUR D'ORANGE. —
Entremets. — Mettez un quarteron et demi de

sucre dans une pinte de lait bouillant, retirez du feu; ajoutez huit jaunes d'œufs et deux blancs bien battus ensemble, avec trois cuillerées de fleur d'orange; faites prendre au bain-marie.

CRÈME A LA VANILLE. — *Entremets.* — Faites bouillir une pinte de crème; jetez-y deux gros de vanille avec une demi-livre de sucre; laissez infuser, retirez la vanille, et finissez avec des œufs, comme pour la crème au café.

CRÈME AU CAFÉ. — *Entremets.* — Faites bouillir votre crème, mettez dedans deux onces de café brûlé en grains, et passez à l'étamine pour en retirer le café; mettez ensuite deux blancs d'œufs et six jaunes bien battus ensemble; tenez le plat sur une casserole d'eau bouillante, jusqu'à ce que la crème soit prise; glacez alors avec du sucre et la pelle rouge. Servez froid.

CRÈME AU CHOCOLAT. — *Entremets.* — Mêlez sur le feu, et remuez bien, une pinte de lait, six jaunes d'œufs et un quarteron de sucre; faites bouillir jusqu'à réduction d'un quart; ajoutez un quarteron de chocolat râpé fin; faites-lui jeter quelques bouillons. Servez froid.

CRÈME AU THÉ. — *Entremets.* — Préparée comme ci-dessus, substituez au chocolat une tasse de forte infusion de thé.

CRÈME DE FRAISES. — *Entremets.* — Prenez un demi-litre de crème bien fraîche; ajoutez-y six onces de sucre en poudre, une cuillerée à café de gomme arabique en poudre, et un verre de pulpe de fraise passée] au tamis;

fouettez bien le tout, et dressez votre crème en rocher.

On peut faire de même des crèmes de *framboises*, d'*abricots* et de *pêches*.

CRÈME FOUETTÉE. — Mettez dans une terrine de la crème avec quantité proportionnelle de sucre en poudre, et un peu de fleur d'orange. Fouettez le tout avec un paquet de brins d'osier sans écorce. Quand ce mélange est bien renflé, vous le laissez un moment; vous l'enlevez ensuite avec une écumoire, et le dressez en pyramide sur votre plat. Ayez soin de garnir le tour de petits filets d'écorce de citron ou d'orange verte confits, et servez.

GROSSE PATISSERIE.

PATE A DRESSER.

Prenez quatre livres de farine; faites un creux au milieu, et mettez-y une once et demie de sel, une livre et demie de beurre, douze jaunes d'œufs, et le quart d'un litre d'eau peu chaude; mêlez bien ensemble le beurre, les jaunes d'œufs, l'eau et le sel; mêlez ensuite la farine petit à petit, et formez du tout une pâte, que vous pétrirez; si elle est trop ferme, vous pourrez y remettre un peu d'eau. Donnez deux tours de pétrissage à la pâte qui devra rester bien ferme. On doit la tenir un peu plus molle si on la destine à faire des tourtes.

PATE BRISÉE. — Même fabrication, mais avec moitié plus de beurre et un œuf de plus sur deux litres ; on la fait aussi un peu moins ferme : cette pâte sert pour gâteaux, timbales, etc.

PATE FEUILLETÉE. — Mettez sur une table deux livres de farine ; faites un bassin dans le milieu, et mettez-y une once de sel, un demi-quarteron de beurre, deux blancs d'œufs et deux verres d'eau. Formez votre pâte et rassemblez-la. Après l'avoir laissée reposer une demi-heure, étendez et couvrez avec une livre de beurre, que vous manierez auparavant, s'il était trop ferme. Vous replierez les deux bords de la pâte sur le beurre. Donnez ensuite deux tours à la pâte. Pour cela étendez-la en long avec le rouleau, jusqu'à ce qu'elle n'ait plus que l'épaisseur du doigt ; alors vous la repliez en trois, et vous lui faites faire un quart de tour pour que ce qui était à l'un de vos côtés, se trouve devant vous. C'est là ce qu'on appelle un tour ; répétez cette opération et laissez reposer la pâte. Lorsque le four commence à chauffer, vous donnez encore trois tours à la pâte, et ensuite vous la découpez selon l'usage que vous en voulez faire.

PATÉ FROID. — *Rôt.* — Quelle que soit la viande avec laquelle vous faites votre pâté (de boucherie, volaille ou gibier), il faut la faire revenir dans du beurre ; il faut aussi faire une farce avec du veau, ou toute autre viande, et du lard; mettez autant de lard que de viande pour la farce : la meilleure proportion est de trois livres de lard pour deux livres de viande. On désosse les viandes de boucherie, les dindons, les chapons, les lièvres. Le jambon doit être cuit avant d'être mis en pâté; on laisse entiers les perdrix, les pigeons, les canards et les mauviettes.

Toutes les viandes mises en pâté, désossées ou non, doivent être piquées de part en part avec de gros lardons assaisonnés.

Lorsque vous avez préparé vos viandes, haché la farce et fait provision de bardes de lard, prenez de la pâte à dresser ; faites-en une boule, et aplatissez-la sur deux feuilles de papier en rond ou en ovale, de l'épaisseur d'un doigt ; tracez la forme de votre pâté, en observant que la pâte déborde de trois à quatre pouces ; étendez sur la forme de votre pâté un lit de farce ; arrangez vos viandes par dessus, en les entremêlant, si elles sont de différentes espèces ; remplissez les intervalles avec de la farce ; mettez-en aussi entre chaque couche de viande ; serrez le tout en masse compacte ; continuez ainsi jusqu'à la fin, en montant carrément ; unissez avec de la farce, couvrez les côtés et le dessus du pâté avec des bardes de lard. Faites une abaisse de pâte mince sur les bords, et assez grande pour envelopper le pâté ; mettez-la dessus, et faites-lui en prendre la forme, en la comprimant avec les mains ; soudez-la avec le fond que vous aurez mouillé à l'endroit de la jonction ; relevez les bords de votre fond le long des parois du pâté ; soudez encore ces bords avec l'enveloppe dont vous avez couvert le pâté, en mouillant l'endroit de la jonction, et en pinçant la pâte ; mettez, si vous voulez, un second couvercle, que vous décorerez comme

vous l'entendrez; faites, dans la partie supérieure, une ouverture d'un demi-pouce de diamètre, où vous mettrez une carte roulée; faites
cuire dans un four chaud. Il faut trois ou quatre
heures de cuisson. S'il menaçait de prendre trop
de couleur, couvrez-le avec une feuille de papier
mouillé. Le pâté cuit, vous enlèverez la carte,
et boucherez l'ouverture avec un morceau de
pâte.

Si vous trouvez trop de difficulté à dresser
ainsi un pâté, ayez un moule de ferblanc;
vous y mettez une abaisse de grandeur suffisante, que vous repliez contre les parois du
moule, en forçant la pâte à entrer dans les mou-
lures et dessins dont il est décoré.

TOURTE. — *Entrée.* — Étendez de la pâte
brisée avec le rouleau; mettez cette abaisse sur
une tourtière, posez par-dessus ce que vous
destinez à la remplir: il faut que ce que vous
mettez dans la tourte soit cuit aux trois quarts,
comme si vous vouliez en faire un ragoût; lorsque tout est bien disposé, couvrez avec une
autre abaisse que vous souderez avec celle de
dessous en mouillant et pinçant les bords, que
vous façonnez de votre mieux; dorez à l'eau ou
à l'œuf; faites cuire au four de campagne; lorsqu'elle est cuite, ouvrez-la, pour y verser une
sauce ou un ragoût analogue à ce qui la remplit.

On peut faire ainsi des tourtes de godiveau,
de pigeons en compotes, de perdreaux, mauviettes, cailles et bécassines; de lapin en gibe-
lotte, etc., etc.

PETITS PATÉS AU NATUREL. —
Hors-d'œuvre. — Prenez du feuilletage à cinq
tours; abaissez-le d'une ligne et demie; faites
autant de morceaux que vous voulez de pâtés;

prenez un pareil nombre de morceaux, mais plus minces, des débris de votre pâte; entre deux de ces morceaux de différentes grandeurs, mettez gros comme une noix de hachis de chair de veau et de graisse de bœuf; le morceau le plus mince de la pâte sert de couvercle; dorez-le avec du jaune d'œuf et mettez au four.

On peut varier à volonté la garniture des petits pâtés, en substituant à celle indiquée ci-dessus, du godiveau, des quenelles de volaille, de poisson, des farces de toute espèce, etc.

VOL-AU-VENT. — *Entrée.* — Prenez de la pâte de feuilletage; on la remplit de godi-veaux, hachis, boulettes, farces avec garnitu-res de cervelles, champignons', truffes, riz de veau, etc. Toutes ces préparations se mettent avec épices; on y ajoute le beurre dans lequel on les a fait revenir.

GATEAUX FEUILLETÉS — *Entremets.* —Employez du feuilletage à six tours: étendez-le de l'épaisseur d'une ligne; donnez à votre pâte découpée telle forme que vous jugerez convenable, et faites cuire au four de cam-pagne.

GATEAU D'AMANDES. — *Entremets.* —Pilez au mortier avec demi-livre de sucre, zeste de citron, pincée de sel, demi-quarteron de fécule de pommes de terre, quatre œufs entiers et deux jaunes, une demi-livre d'a-mandes douces émondées; fouettez deux blancs d'œufs que vous mêlez avec. Quand le tout est bien pilé ensemble, beurrez un moule à gâ-teaux de riz, garnissez le fond d'un rond de papier beurré et le tour; versez votre appareil dedans, et faites cuire à feu doux. Renversez au moment de servir.

PATISSERIE FINE.

BISCUIT DE SAVOIE. — *Dessert.* — Prenez douze œufs, poids égal de sucre, farine ou fécule de pommes de terre, moitié du poids des œufs; cassez vos œufs; mettez à part les blancs et les jaunes; battez ceux-ci avec le sucre en poudre, auquel vous ajouterez peu de fleur d'orange pralinée, de l'écorce de citron râpée; fouettez les blancs jusqu'à ce qu'ils soient en neige, et mêlez-les avec les jaunes; ajoutez la farine que vous incorporerez avec la masse, en la battant avec la poignée d'osier; mettez votre pâte dans un moule beurré au pinceau; faites cuire au four médiocrement chaud.

Deux heures suffisent pour la cuisson.

BISCUITS A LA CUILLÈRE. — *Dessert.* — Faites la pâte comme ci-dessus, mais plus légère; mettez-y moins de farine et plus de blancs d'œufs; prenez une cuillerée de pâte, et versez-la en long sur une feuille de papier saupoudrée de sucre; faites cuire dans un four très-doux; enlevez-les de dessus le papier à mesure que vous les sortez du four.

BISCUITS AUX AMANDES. — *Dessert.* — Prenez quatre onces d'amandes douces, une demi-once d'amandes amères, neuf blancs d'œufs, six jaunes, une once de farine passée au tamis, et trois quarterons de sucre; mondez vos amandes en les plongeant un instant dans l'eau bouillante et ensuite dans l'eau froide; la peau s'enlèvera avec facilité; pilez-les en ajoutant de temps en temps un peu de blanc d'œuf, pour empêcher qu'elles ne tournent en huile ; battez à part les jaunes avec le sucre ; fouettez les blancs jusqu'à ce qu'ils soient en neige; mêlez ensemble les blancs et les jaunes; saupoudrez par-dessus avec la farine, en remuant toujours, pour la bien incorporer; mettez votre pâte dans des caisses de papier; glacez-la avec un mélange par moitié de sucre et de farine; faites cuire dans un four peu chaud.

Ces biscuits, comme tous les autres, peuvent se faire sous le four de campagne.

BISCUITS AUX PISTACHES. — *Dessert.* — Ils se font de même que les biscuits aux amandes, et dans les mêmes proportions; mais comme les pistaches ont peu ou point de parfum, il faut ajouter un peu de fleur d'orange pralinée ou de l'écorce de citron râpée.

MERINGUES. — *Dessert.* — Les meringues ne sont qu'un tissu très-léger de pâte sucrée faite avec la plus fine farine, du beurre très-frais, du sucre râpé, dans lequel on fait entrer une sorte de crème fouettée faite avec du sucre et de la crème que l'on bat bien ensemble. On leur donne la forme des œufs, et en effet le tissu ou l'enveloppe de la crème n'est guère plus épaisse que la coque d'un œuf. On les saupoudre encore de sucre très-fin avant de mettre au four.

La cuisson doit être très-soignée. C'est un manger on ne peut plus délicat, que l'on n'emploie qu'au dessert.

On peut en diversifier les goûts en mêlant au sucre, soit de la vanille, de la fleur d'oranger ,

des pistaches bien divisées, des zestes de biga-
rades ou de citron bien râpés, de l'essence de
rose, soit même du rhum, du marasquin, du
cédrat, de l'ananas, etc., etc.

TALMOUSES. — *Dessert.* — On prend de
la farine très-fine, que l'on délaie dans du lait
ou de la crème ; on y met du beurre frais, du
fromage de Brie ou de Neufchâtel, des œufs
et du sucre râpé fin. Vous pétrissez le tout,
et le divisez dans de petits godets triangulaires :
ensuite vous dorez légèrement avec un jaune
d'œuf chaque petit gâteau, et l'enfournez à un
four d'une chaleur modérée. Lorsqu'ils sont
cuits, vous les saupoudrez de sucre fin. Les
talmouses se mangent ordinairement chaudes.

PETITS CHOUX. — *Dessert.* — Les petits choux sont d'une pâte plus légère que celle
des talmouses, quoique à peu près pareille, et
qu'il n'y ait de différence qu'en ce qu'on y
ajoute du sel. Néanmoins, on les fait aussi de la
manière suivante : dans de l'eau et du lait, auxquels vous ajoutez du beurre très-frais, et quand
le tout est bien amalgamé, vous mettez la quantité de farine nécessaire, que vous pétrissez jusqu'à ce que la pâte soit très-molle. Vous y joignez des œufs, du sucre en poudre, très-peu
de sel, de la crème fouettée et une cuillerée de
fleur d'oranger. Ensuite vous divisez cette pâte
par portions. Vous les dorez avec des jaunes
d'œufs, puis vous les mettez à un four doux. Si
on voulait les faire aux amandes ou aux ave-
lines, on ferait torréfier les amandes ou ave-
lines, on les pulvériserait le plus fin possible,
et on les mêlerait avec la pâte avant de cuire
les petits choux.

MACARONS. — Prenez amandes et sucre, poids égal de chacun ; mondez vos amandes, pilez-les, en ajoutant un peu de sucre en poudre pour les empêcher de tourner en huile ; faites-les sécher et pilez-les encore, en ajoutant de temps en temps un peu de blanc d'œuf ; ajoutez le sucre, de l'écorce de citron râpée, et autant de blancs d'œufs qu'il en faut pour faire du tout une pâte qui ne soit pas trop liquide ; les blancs d'œufs doivent être fouettés. Mettez votre pâte sur des feuilles de papier, par petits tas gros comme une noix ; faites cuire à une chaleur douce au four de campagne.

Vous pouvez ajouter quelques amandes amères, ou substituer des pistaches aux amandes.

GATEAU D'AMANDES. — Mondez et pilez une demi-livre d'amandes douces, et quelques-unes amères, avec un blanc d'œuf que vous ajoutez successivement ; quand elles sont bien en pâte, incorporez-y une once de farine ou de fécule de pommes de terre, six onces de sucre, un peu de fleur d'orange pralinée et quatre œufs entiers ; étendez votre pâte sur une feuille de papier beurré, et faites cuire à feu doux.

GAUFRES. — Délayez de la farine et poids égal de sucre, avec de la crème que vous versez peu à peu, jusqu'à consistance d'une bouillie très-claire ; ajoutez un peu de fleur d'orange, et, si vous voulez, quelques œufs ; graissez le gaufrier que vous avez fait chauffer avec un pinceau trempé dans du beurre tiède ; mettez une bonne cuillerée de pâte dans le gaufrier, que vous posez sur un feu de charbon bien allumé.

NOUGAT. — Mondez une livre d'amandes douces que vous couperez en plusieurs filets dans le sens de leur longueur; faites-les sécher jusqu'à ce qu'elles se colorent un peu; faites fondre à sec, en remuant toujours, douze onces de sucre dans une casserole non étamée et légèrement beurrée; quand le sucre est fondu et commence à se colorer, jetez-y vos amandes chauffées; mêlez-les avec le sucre, et étalez-les sur les bords de la casserole, et en laissant au fond une couche de la même épaisseur que celle des bords; laissez refroidir un peu la casserole, et renversez-la sur une assiette.

OFFICE.

CLARIFICATION ET CUISSON DU SUCRE.

SUCRE. — Battez des blancs d'œufs en y ajoutant peu à peu de l'eau jusqu'à concurrence d'un litre par œuf; mettez votre sucre cassé dans une bassine avec de cette eau; faites bouillir et enlevez l'écume à mesure qu'elle se forme; vous ajoutez de temps en temps de l'eau d'œuf, jusqu'à ce que l'écume soit blanche; alors le sucre est complètement clarifié.

Après avoir clarifié le sucre, on le fait bouillir pour évaporer une partie de l'eau qu'il re-

14*

tient. Il est à la nappe, lorsqu'en y trempant l'écumoire et la retirant de suite, il s'écoule en nappe sur la surface de l'écumoire, lorsqu'on la renverse.

On reconnaît que le sucre est au perlé, lorsqu'en y trempant le bout du doigt, le rapprochant du pouce, et étendant ensuite les deux doigts autant qu'il est possible, il se forme de l'un à l'autre un filet de sucre qui ne se rompt pas. Lorsque le sucre est à cet état, le bouillon élève sur la bassine des globules ronds, qui ressemblent à des perles de verre.

La cuisson à la plume se reconnaît lorsqu'en trempant l'écumoire dans le sucre, et soufflant à travers, il en sort des globules légers qui tiennent l'un à l'autre.

Enfin le sucre est au cassé, lorsqu'après avoir mouillé votre doigt à l'eau fraîche, vous le trempez dans le sucre, et ensuite dans l'eau; si après avoir détaché le sucre qui tient à votre doigt, il casse net sous la dent, il est à son point extrême de cuisson; il ne contient plus d'eau et il est temps de le retirer, sans quoi il se caraméliserait.

Il y a des degrés intermédiaires auxquels on a donné des noms particuliers; on les reconnaît à ce que les signes qu'on a fait connaître ci-dessus ont moins d'intensité.

Ainsi, quand le filet se casse en étendant les doigts, le sucre est au lissé.

Quand, en soufflant à travers l'écumoire, les globules qui s'envolent sont petits et en petite quantité, le sucre est au soufflé.

Il est au petit cassé quand le sucre, détaché du doigt qu'on a trempé dans la bassine, ne casse pas net et tient aux dents.

Le caramel diffère peu du cassé. Le caramel foncé se fait différemment; il faut seulement

mettre du sucre avec de l'eau, et le faire
bouillir à grand feu jusqu'à ce qu'il soit au degré de couleur que vous voulez. Quand on a
manqué le degré des cuissons que l'on veut
faire, l'on remet un peu d'eau dans le sucre,
et on le fait revenir à son point en le faisant
bouillir.

COMPOTES.

COMPOTE DE POMMES. — Pelez, coupez par moitié et ôtez les pépins d'une demi-
douzaine de belles pommes de reinette; faites-
les cuire avec du jus de citron et de la cannelle,
demi-verre de vin blanc, un quart de sucre.
Quand elles sont cuites, laissez-les refroidir,
et servez dans un compotier avec leur jus réduit et clarifié.

**COMPOTES DE POMMES AVEC LA
PEAU.** — Prenez de belles pommes de reinette, coupez-les en deux, ôtez-en le cœur et
les yeux, mettez-les à mesure dans de l'eau
fraîche, en piquant la peau avec la pointe d'un
couteau; retirez-les de l'eau; mettez-les dans
une poêle avec du sucre clarifié; faites-les cuire
à petit feu jusqu'à ce qu'elles soient bien mol-
lettes, et dressez-les dans des compotiers; versez le sirop sur le fruit en le passant à travers
un tamis.

COMPOTE DE POIRES. — On emploie
surtout les poires de martin-sec. Faites-les cuire
avec moins de sucre que les pommes, et ne
mettez pas de jus de citron, mais seulement un
petit morceau de cannelle. Comme les poires

restent rarement blanches, il vaut mieux les avoir rouges tout-à-fait ; il suffit pour cela de mettre dans le sirop où elles cuisent un petit morceau d'étain fin ; ce morceau d'étain peut servir indéfiniment, et son emploi n'a rien de malsain. Une casserole étamée produirait le même effet ; mais si elle avait servi à d'autres usages, il faudrait auparavant y faire bouillir de la cendre pour en enlever tout ce qui peut être resté attaché à sa surface ; terminez votre compote comme celle de pommes.

COMPOTE DE VERJUS. — Prenez du verjus le plus gros et le plus beau : fendez-le de côté, ôtez-en les pépins avec le bec d'une plume, et mettez-le à mesure dans de l'eau fraîche. Faites bouillir de l'eau dans une poêle, et, après avoir égoutté le verjus, vous le jetterez dans de l'eau bouillante ; quand il sera monté sur l'eau, vous le couvrirez et le laisserez refroidir. Mettez-le égoutter, mêlez-le dans du sucre clarifié, faites-lui jeter un ou deux bouillons ; écumez et dressez dans des compotiers.

COMPOTE DE CERISES. — Prenez de belles cerises, coupez-leur la moitié de la queue, jetez-les dans de l'eau fraîche, égouttez-les, et faites cuire du sucre clarifié au perlé ; mettez-y vos cerises, et faites-leur jeter cinq ou six bouillons à grand feu pour leur conserver la couleur. Otez-les du feu, remuez-les avec la poêle, écumez-les, laissez-les refroidir, et dressez dans des compotiers.

COMPOTE DE FRAMBOISES. —Prenez de belles framboises, bien entières, épluchez-les bien, et mettez-les dans de l'eau fraîche ; faites cuire du sucre clarifié à la plume ;

jetez-y les framboises bien égouttées; ôtez la poêle de dessus le feu, et laissez-les reposer. Peu de temps après vous remuez doucement les framboises; vous leur faites jeter un petit bouillon, et les mettez dans les compotiers.

COMPOTES DE GROSEILLES ROUGES ET BLANCHES. — Prenez de belles groseilles, égrenez-les et mettez-les dans de l'eau fraîche; égouttez-les sur un tamis, et finissez-les de la même manière que les framboises.

COMPOTE DE FRAISES. — Prenez de belles fraises bien épluchées et bien lavées, mettez-les dans un compotier, et jetez par dessus une gelée de groseilles toute bouillante.

COMPOTE DE PÊCHES. — Ouvrez de belles pêches; ôtez-en les noyaux; ayez un plat qui aille au feu, et placez-y vos pêches, la peau en dessous; mettez dans chaque moitié une cuillerée à café de vin de Lunel; saupoudrez amplement de sucre en poudre; mettez aussi dans le plat une cuillerée de vin; couvrez avec une assiette renversée; posez le plat sur les cendres rouges. Opérez de même pour les abricots.

COMPOTE DE COINGS. — Prenez de beaux coings et coupez-les par quartiers; pelez-les et ôtez-en le cœur; jetez-les à mesure dans de l'eau fraîche; faites-les blanchir, et quand ils seront mollets, vous les retirerez dans de l'eau fraîche; égouttez-les et mettez-les dans du sucre clarifié cuit au petit lissé, faites-leur jeter quelques légers bouillons; égouttez-les et placez-les dans des compotiers; faites cuire le sirop à la nappe, en y ajoutant un peu de can-

nelle et de girofle ; passez-le et versez-le sur
les coings.

COMPOTE DE RAISINS. — Mettez dans
une poêle un quarteron de sucre avec un demi-
verre d'eau ; faites-le bouillir, écumer et réduire en sirop fort ; mettez dans ce sirop une
livre de raisin muscat égrené, et dont vous aurez
fait sortir les pépins ; faites-lui faire deux ou
trois bouillons, et dressez-le dans le compotier :
s'il y a de l'écume, enlevez-la avec du papier
blanc.

MARMELADES.

MARMELADE DE PÊCHES. — Prenez
des pêches bien mûres, enlevez la peau, ôtez
les noyaux et couvrez-les à mesure de tout le
sucre que vous destinez à les faire cuire. Une
livre de sucre par livre de fruit suffit pour faire
de belle marmelade de pêches ; mais si vous
voulez qu'elle conserve bien le goût du fruit,
il faut mettre une livre et demie de sucre.
Lorsque les pêches ont macéré dans le sucre
pendant trois ou quatre heures, versez-les dans
la bassine ; faites-les bouillir à grand feu pendant une demi-heure, si vous n'avez mis qu'une
livre de sucre ; et pendant huit ou dix minutes,
si vous en avez mis une livre et demie ; passez
au tamis de crin, en frottant avec une cuillère,
et emplissez de suite les pots que vous avez
préparés ; faite ainsi, cette marmelade a presque la transparence d'une gelée.

MARMELADE D'ABRICOTS. — Après
en avoir ôté la peau et les noyaux, vous les

mettez en morceaux dans une bassine avec demi-livre de sucre par livre de fruits ; remuez tout le temps de la cuisson, qui devra durer trois quarts d'heure au moins, une heure au plus, à feu modéré. La marmelade prise (ce que vous reconnaîtrez en trempant le bout du doigt dedans pour vous assurer si elle est gluante), vous la retirerez du feu, et la mettrez dans des pots disposés à cet effet. Vous y ajouterez des amandes douces que vous aurez dépouillées de leur peau au moyen d'eau bouillante, où vous aurez eu le soin de les laisser un quart d'heure.

MARMELADE DE PRUNES. — Même manutention et mêmes soins que pour la marmelade d'abricots.

La *Reine-Claude* exige davantage de sucre que la *Mirabelle*.

MARMELADE DE FRAISES. — Épluchez, lavez, faites égoutter et passez au tamis une demi-livre de fraises pour les mettre en marmelade ; faites cuire une livre de sucre à la grande plume, et mettez-y votre marmelade pour la délayer avec le sucre, en la remuant toujours sur un feu moyen sans qu'elle bouille ; puis vous la mettrez dans des pots. Vous vous réglerez sur cette dose pour la quantité que vous voudrez faire.

MARMELADE DE FRAMBOISES. — Épluchez et passez au tamis deux livres de framboises pour les réduire en marmelade ; placez cette marmelade sur le feu pour la faire dessécher jusqu'à ce qu'elle soit près de s'attacher à la poêle ; mettez-la ensuite dans une livre de sucre cuit à la plume, et faites-lui faire

quelques bouillens en la remuant toujours : versez-la après dans vos pots.

MARMELADE DE CERISES. — Faites cuire à la plume deux livres de sucre auquel vous ajouterez quatre livres de cerises, après leur avoir ôté les noyaux et les queues ; remuez-les avec le sucre, et faites-les bouillir ensemble jusqu'à ce que le sirop se colle dans les doigts ; ôtez alors la marmelade du feu pour la mettre dans des pots.

MARMELADE DE VERJUS. — Prenez du verjus, lorsque les grains commencent à être transparens ; plus tôt, il est acerbe : plus tard, il a peu de saveur. Egrenez-le et enlevez les pépins avec une spatule d'argent ou d'ivoire. Il faut une livre de sucre par livre : comme le verjus n'a pas de parfum, il est inutile de le faire macérer avec le sucre ; faites cuire à grand feu et passez au tamis de crin.

GELÉES DE FRUITS.

GELÉE DE GROSEILLES. — Prenez de préférence des groseilles rouges, les blanches n'étant pas aussi bonnes pour la gelée, écrasez-les et exprimez-en le suc dans une terrine vernissée ; mettez cette terrine avec le suc bien couvert dans une cave ou autre lieu froid pendant six jours ; après cet espace de temps, enlevez doucement et avec précaution la peau épaisse qui se trouve alors sur le suc ; versez-le dans un autre vase, et jetez ce qui est resté au fond du premier vase, afin que votre suc se trouve parfaitement clair ; pesez-le et prenez poids égal de sucre concassé; mettez-les ensemble dans une poêle au feu: il montera d'abord beaucoup d'écume, qu'il faut avoir grand soin d'enlever souvent. Laissez cuire le tout pendant une heure environ, et faites alors l'épreuve suivante: Mettez quelques gouttes de suc sur une assiette bien froide; si ce suc, étant refroidi sur l'assiette, est devenu épais et en consistance de gelée, vous retirerez la poêle du feu, sinon vous la laisserez encore jusqu'à ce qu'il soit au point desiré. Il faut mettre la gelée toute chaude dans des petits pots de faïence et les faire refroidir avant de les couvrir avec du papier.

GELÉE DE POMMES. — Mettez vos pommes dans une bassine avec assez d'eau pour qu'elles baignent; vous pouvez vous servir de celle où vous les avez jetées après les avoir épluchées, surtout si vous y avez exprimé le jus d'un citron.

Quand les pommes commencent à se fondre, versez tout ce qui est dans la bassine sur un tamis de crin; ne pressez pas le marc, laissez-le seulement égoutter; mettez dans le jus qui a passé poids égal de sucre très-blanc, et versez le tout dans la bassine: faites bouillir jusqu'à ce que la gelée vous donne les mèmes signes que celle des groseilles; il est temps alors de la retirer: mais auparavant, il faut y mettre de l'écorce de citron coupée en petits filets; laissez bouillir une minute ou deux; retirez les filets avec une écumoire, remplissez les pots avec la gelée, et distribuez par-dessus les filets d'écorce de citron. On peut utiliser la pulpe des pommes qui ont servi à faire de la gelée. On les écrase sur un tamis, on ajoute à la pulpe assez de jus de citron pour lui donner une acidité agréable, et on achève de la cuire avec suffisante quantité de sucre et un bâton de cannelle ; il faut la faire un peu cuire, parce qu'étant privée de gelée, elle prend plus difficilement de la consistance.

On peut déguiser la gelée de pommes en ajoutant à volonté des zestes d'orange, de l'eau de roses ou de fleur d'orange.

GELÉE DE COINGS. — Comme la gelée de pommes ; le coing a du parfum qui réside dans la peau, on ne le pèle pas, on se contente de le brosser pour enlever le duvet qui le recouvre.

Il faut une livre de sucre par livre de fruit, et supprimer l'écorce de citron.

GELÉE DE FRAMBOISES. — Prenez deux tiers de framboises et un tiers de groseilles rouges, ôtez-en tout le vert, et exprimez-en le suc, que vous laisserez se clarifier, couvert, dans une cave, pendant trois jours seulement. Le reste du procédé est le même que pour la gelée de groseilles.

RAISINÉ. — Exprimez le jus de raisins bien sains et égrenés ; faites-le bouillir jusqu'à réduction de moitié, et mettez-y alors des poires de messire-Jean ou autres, coupées par quartiers ; faites encore réduire d'un tiers en remuant toujours, et mettez dans les pots, auxquels vous ferez passer huit à dix heures au four.

RATAFIAS.

RATAFIA DE FLEUR D'ORANGE. — Formez dans le bocal des lits de fleur d'orange et sucre en poudre placés alternativement ; fermez soigneusement le bocal ; mettez macérer en lieu frais pendant vingt-quatre heures ; au bout de ce temps, lavez le tout d'eau-de-vie, et filtrez. Il faut une pinte d'eau par livre de sucre et demi-livre de fleur d'orange.

RATAFIA DE CASSIS. — Ayez trois livres de cassis égrené et écrasé ; mettez-le dans un bocal avec quatre pintes d'eau-de-vie ; ajoutez quelques clous de girofle et un peu de cannelle concassée. Au bout de deux mois, tirez-en la liqueur, et pressez les grains pour n'y rien laisser ; remettez le jus dans le vase avec une livre et demie de sucre ; laissez reposer le temps nécessaire pour fondre le sucre, après quoi vous le filtrez à travers du papier, et le mettez en bouteilles.

RATAFIA DE FRAMBOISES. — Faites fondre deux livres de sucre dans une livre et demie de jus de framboises et un quarteron de jus de cerises ; ajoutez trois litres et demi d'eau-de-vie, et laissez infuser jusqu'à ce que votre liqueur soit éclaircie ; mettez alors en bouteilles.

RATAFIA DE GENIÈVRE. — Broyez deux onces de grains de genièvre, faites-les infuser dans un litre et demi d'eau-de-vie, avec clous de girofle, demi-once de cannelle et deux livres de sucre ; laissez infuser pendant deux mois dans un grand vase bien bouché, filtrez et mettez en bouteilles.

RATAFIA DE CERISES. — Écrasez deux livres de griottes sur un tamis, et mettez le jus qui en découle dans deux litres d'eau-de-vie; ajoutez une demi-livre de sucre, cinquante noyaux de vos cerises, et douze clous de girofle; laissez infuser pendant huit jours et filtrez au papier gris.

RATAFIA DE COINGS. — Râpez des coings, exprimez-en le jus, et ajoutez-y le double d'eau-de-vie, et un filet d'eau de fleur d'orange avec trois ou quatre amandes amères concassées; filtrez après quelques jours de macération.

FRUITS A L'EAU-DE-VIE.

CERISES A L'EAU-DE-VIE. — Mettez deux pintes d'eau-de-vie dans un bocal, avec un peu de cannelle, trois ou quatre clous de girofle et une demi-livre de sucre; écrasez sur un tamis deux livres de cerises dont vous verserez le jus dans votre bocal; on peut y ajouter également le jus exprimé d'un quarteron de framboises.

A l'époque de la maturité des cerises tardives (les griottes sont les meilleures pour mettre à l'eau-de-vie), vous filtrez le contenu de votre bocal; vous l'y remettrez ensuite, et vous le remplirez de belles cerises, dont vous aurez coupé les queues à moitié.

Par ce moyen, vous aurez des cerises qui ne sentiront pas seulement l'eau-de-vie, comme celles qu'on fait ordinairement.

ABRICOTS A L'EAU-DE-VIE. — Faites blanchir des abricots piqués jusqu'au noyau; égouttez-les sur un tamis, et passez-les dans un sirop de sucre clarifié avec un blanc d'œuf. Refroidis, mettez-les dans un bocal avec cannelle, coriandre et clous de girofle, versez le suc bouillant, et remplissez d'eau-de-vie.

PÊCHES A L'EAU-DE-VIE. — Même préparation que les *abricots*, en ayant soin d'éviter les écorchures dans le maniement.

PRUNES A L'EAU-DE-VIE. — Quelle que soit l'espèce de prunes que vous employiez, choisissez-les un peu fermes ; faites-les tremper pendant quelques heures dans de l'eau où vous aurez fait dissoudre un peu d'alun (deux gros et demi par livre d'eau) ; cela les raffermit et enlève la mucosité de leur épiderme ; procédez comme pour les abricots.

POIRES A L'EAU-DE-VIE. — Prenez-les près de la maturité ; faites-les blanchir dans le sirop jusqu'à ce que leur peau s'enlève facilement ; arrangez-les dans des bocaux, et versez par-dessus le sirop dans lequel elles ont blanchi ; ajoutez un morceau de cannelle et un sixième d'esprit-de-vin trois-six ; après deux mois d'infusion, ôtez la cannelle, et ajoutez de l'esprit, jusqu'à ce qu'il y en ait autant que de sirop.

SIROPS.

SIROP D'ORGEAT. — Prenez quatre onces d'amandes douces, une once d'amandes amères, un demi-litre d'eau, une livre de sucre, une once d'eau de fleur d'orange et un gros d'esprit de vin distillé sur des écorces fraîches de citron.

Pilez les amandes mondées de leurs écorces, en versant de l'eau peu à peu pour les empê-

cher de tourner en huile; quand elles sont bien
réduites en pâte, ajoutez le restant de l'eau;
pétrissez le tout, et passez à travers une étamine. On fait fondre le sucre à froid dans l'é-
mulsion, et on ajoute l'eau de fleur d'orange et
l'esprit de vin.

SIROP DE CAPILLAIRE. — Clarifiez deux
livres de sucre et deux livres d'eau; faites réduire votre sirop d'un quart, et versez le tout
chaud sur deux onces de capillaire haché, que
vous avez mis sur l'étamine.

SIROP DE VINAIGRE FRAMBOISÉ.
— Faites macérer pendant quatre jours deux
livres de framboises avec un litre de vinaigre
non distillé; passez sans expression; faites clarifier quatre livres de sucre avec un litre d'eau,
et ajoutez-les au vinaigre aromatisé; ajoutez
aussi quatre onces d'eau-de-vie.

SIROP DE CERISES. — Prenez deux livres
de cerises mûres; ôtez les queues et les noyaux;
mettez-les sur le feu, avec un verre d'eau;
faites bouillir huit ou dix bouillons, et passez au
tamis. Mettez deux livres de sucre sur le feu
avec un peu d'eau; faites bouillir et écumer.
Continuez de faire bouillir jusqu'à ce que,
trempant l'écumoire dedans, la secouant sur le
sucre et soufflant après au travers des trous,
il en sorte des étincelles de sucre; vous y mettrez le jus de cerises; faites-les bouillir ensemble jusqu'à ce qu'ils aient pris la consistance
d'un sirop.

SIROP DE GROSEILLES. — Prenez six
livres de groseilles, une livre de cerises aigres,
autant de framboises, si on veut que le sirop

en ait le parfum ; ôtez les rafles aux groseilles, les queues et les noyaux aux cerises, épluchez les framboises ; exprimez le suc de ces fruits ; il sera trouble, épais ; mais vous le laisserez déposer à la cave pendant vingt-quatre heures dans une terrine ; passez à la chausse et ajoutez deux livres de sucre pour une livre de suc de groseilles ; faites cuire le sucre au petit cassé, ajoutez le suc des fruits en remuant le tout ; après quelques momens d'ébullition, retirez la bassine du feu ; laissez refroidir et mettez en bouteilles.

BOISSONS CHAUDES.

PUNCH AU RHUM. — Prenez demi-litre de rhum, demi-litre d'eau-de-vie, trois ou quatre citrons, l'infusion de deux gros de thé, la quantité de sucre et d'eau bouillante nécessaire pour mettre le punch au degré de force que vous jugerez convenable.

Frottez des morceaux de sucre sur l'écorce des citrons, pour enlever l'huile essentielle qu'elle contient ; coupez ensuite vos citrons en deux, et exprimez-en le jus sur une étamine qui retiendra les pépins et la pulpe. Versez de l'eau bouillante sur le thé, et laissez-le infuser dix minutes. Vous avez, pendant ces préparatifs, fait bouillir deux ou trois litres d'eau. Vous versez alors dans un bol à punch le rhum et l'eau-de-vie, le jus de citron, l'infusion de thé ; vous ajoutez le sucre frotté sur les citrons, et d'autre sucre, jusqu'à concurrence d'une livre en tout (vous pouvez, si vous voulez, en mettre moins, sauf à en remettre après), enfin vous versez sur le tout deux pintes d'eau bouillante ;

faites fondre le sucre en remuant avec la cuillère; goûtez le punch; s'il n'est pas assez sucré, remettez du sucre; s'il est trop fort, comme il doit l'être, d'après les proportions ci-dessus, remettez de l'eau bouillante.

Si vous voulez servir le bol enflammé, remplissez une grande cuillère de rhum ou d'eau-de-vie pure; mettez-y le feu en approchant un papier allumé; plongez tout doucement votre cuillère pleine dans le bol, et retirez-la vide.

PUNCH AU VIN. — Versez dans un bol une bouteille de vin de Bordeaux ou de Bourgogne, un verre d'eau-de-vie, le jus de deux citrons et une pinte d'eau bouillante; aromatisez avec de la cannelle en poudre et un peu de macis; ajoutez une livre de sucre.

BAVAROISE A L'EAU. — On attribue aux habitudes d'un prince bavarois l'origine du mot qui, chez tous les limonadiers, sert à désigner une boisson plus ou moins chaude, extemporanée, et que l'on peut servir à toute heure : celle qui est préparée avec suffisante quantité d'une simple infusion théiforme, édulcorée avec plus ou moins de sirop de capillaire, est celle que l'on désigne partout sous le nom de *bavaroise à l'eau.*

BAVAROISE AU LAIT. — Lorsqu'on fait le mélange avec la même infusion théiforme et une partie égale de lait bouilli d'avance, toujours édulcorée avec le même sirop, on la nomme *bavaroise au lait;* quelques-uns lui donnent encore un peu plus de consistance en y mêlant un peu de lait d'amandes.

On peut donner aux bavaroises tous les arômes désirables, en les édulcorant avec des sirops aromatisés d'une manière différente; les uns choisissent celui de cannelle, d'autres celui de vanille, d'autres enfin celui de fleurs d'orangers.

DU CAFÉ.

Le café est un stimulant énergique, qui agit principalement sur le cerveau et sur le cœur; c'est en produisant une forte excitation de ces organes qu'il empêche le sommeil.

Il est, pour beaucoup de femmes, la cause de dyspnées, de spasmes, de tremblemens et de palpitations. Uni aux lait, ses effets sont affaiblis, à la vérité, mais non détruits.

Dans le commerce on connaît cinq sortes de café; le *Moka*, dont le grain est rond et petit, forme la première qualité; le *Bourbon*, le *Martinique* et le *Cayenne*, la seconde; le *Saint-Domingue*, dans lequel on comprend le *Portorico*, tient le dernier rang.

On mêle ces différentes sortes de café dans les ménages.

Le café, au sortir du brûloir, doit être de couleur brune un peu foncée sans être noire.

Toutes les manières qui tendent à ne pas faire bouillir le café dans l'eau sont également bonnes. On a inventé plusieurs cafetières qui diffèrent par la forme, mais dont le principe fondamental est absolument le même; leurs inventeurs ont eu pour objet de rendre la partie extractive du café plus soluble, en l'imprégnant de vapeurs d'eau avant de le faire traverser par l'eau bouillante. Il est certain que le café obtenu au moyen de ces cafetières est plus chargé et plus fort que celui que l'on obtient par la simple effusion d'eau bouillante ; mais en même temps on lui trouve un arôme moins pur et une amertume qui va quelquefois jusqu'à l'âcreté.

Un des grands avantages des cafetières à la Dubelloi, et de toutes celles où l'on emploie l'effusion de l'eau bouillante, c'est de donner de suite du café clair. On est dispensé par là de le clarifier par le repos, pour le faire chauffer une seconde fois, ce qui altère toujours sa qualité, ou par la colle de poisson, qui en précipite un des principes les plus essentiels.

Le sirop de café est d'une ressource précieuse pour les voyageurs : cette seule indication nous fait un devoir d'indiquer sa préparation. Prenez trois livres de café d'une qualité supérieure ; faites brûler jusqu'à la couleur de cannelle un peu foncée ; on conduira le feu lentement pour conserver l'huile essentielle du café. Réduisez le café brûlé en poudre ; faites une infusion par le moyen des filtres, de manière à avoir une liqueur très-concentrée ; mettez le double de sirop de sucre ; donnez un bouillon et retirez ; mettez en bouteilles dès qu'il sera tiède.

DU CHOCOLAT.

Le chocolat est nourrissant et se digère mieux à l'eau qu'au lait. Lors même que vous prendriez le chocolat au lait, faites-le cuire à l'eau, si vous voulez qu'il conserve sa saveur particulière. Ne le râpez pas, coupez seulement chaque tasse en trois ou quatre morceaux. Pour une once de chocolat, mettez une tasse et demie d'eau bouillante ; faites-le cuire à grand feu et réduire d'un tiers, remettez ce tiers en bonne crême, ne faites plus bouillir. Il est inutile de le remuer plus de deux ou trois fois pendant sa cuisson.

DU THÉ.

Le thé agit aussi comme excitant du système nerveux; il détermine particulièrement des vertiges et des tremblemens. Il ne convient pas aux personnes pléthoriques et sanguines, ni aux femmes nerveuses et irritables.

Le thé se divise en deux classes principales : *thés verts* et *thés noirs*. On distingue sept ou huit espèces de thés verts et autant de thés noirs. Celui le plus généralement employé chez nous est le *thé perlé* ou le *thé hyswen*.

DE LA CAVE ET DES VINS.

Une cave doit être construite sur un fond sec, et non sur un fond humide et marécageux. L'exposition la plus favorable est celle du nord, qui lui procure une température plus égale. Quelquefois l'excès d'humidité provient du défaut d'air ; dans ce cas, il faut établir un courant et reblanchir les murs au lait de chaux.

Une des conditions de la conservation du vin est la propreté de la cave ; on doit, tous les mois au moins, balayer avec soin le dessous des chantiers, nettoyer les douves et les cercles,

pour les sécher et empêcher que la moisissure
ne s'y mette. Il faut aussi prendre garde aux
circonstances qui peuvent hâter la fermentation ; ainsi on ne placera pas de bois dans le
même local où l'on met du vin ; ensuite, de
même on évitera qu'elle soit au-dessous d'une
écurie, les matières alcalescentes ont la propriété de décolorer le vin et de lui ôter sa
force.

Les tonneaux doivent être posés sur des
chantiers plus ou moins élevés, suivant le degré
d'humidité ; quand ils sont en vidange, ce qui
arrive plus ou moins, plus tôt ou plus tard, il
ne faut pas négliger de les remplir avec du vin
de même qualité.

Le collage du vin a pour but de donner au
vin de la limpidité, de le dégager de la lie et
des parties trop colorantes : pour l'opérer, on
se sert de colle de poisson et de blancs d'œufs,
ou des poudres préparées par M. Julien. Pour
opérer ce collage, on aura soin de tirer d'a-
bord deux bouteilles de la pièce : prenez six
blancs d'œufs que vous battez avec une chopine
d'eau-de-vie ; introduisez par la bonde un bâton fendu et agitez le vin en faisant pénétrer
le bâton dans tous les sens ; versez vos blancs
d'œufs préparés ; achevez d'en emplir la pièce,
et vous la bouchez environ un quart d'heure
après, avec une bonde fraîche garnie d'une
toile neuve ; cinq à six jours après on peut tirer
le vin sans inconvénient.

Le collage du vin blanc se fait avec la colle
de poisson, en la faisant dissoudre dans une
bouteille du même vin.

Le vin avant d'être mis en bouteilles doit
avoir acquis toute sa maturité, ce dont on juge
par la dégustation.

Il n'est pas indifférent de mettre le vin en

bouteilles dans tous les temps ; il est toujours préférable de choisir un temps beau, sec. On a remarqué qu'aux trois époques des équinoxes du printemps, de l'automne, et du solstice d'été, le vin mis en bouteilles réussissait moins bien ; il faut donc éviter de la faire coïncider avec ces époques.

Le choix des bouteilles n'est point non plus à dédaigner ; quelques-unes se décomposent par l'acide contenu dans le vin ; on doit donc rechercher celles de Sèvres ou celles des manufactures qui ont les mêmes propriétés. Il faudra adopter une forme de bouteilles, car quand elles sont sur le même modèle, elles se rangent plus facilement.

Le choix des bouchons est de la plus grande importance, surtout lorsque le vin est destiné à rester long-temps en bouteilles ; il y a du liége poreux qui, quoique bouchant bien en apparence, laisse évaporer le vin ; ce sont surtout des liéges durs et secs qui produisent cet effet. Il faut choisir des bouchons taillés dans un liége fin, moelleux, cédant sous le doigt, et peu garni de pores.

Vos bouteilles remplies et bouchées, il faut les placer : à cet effet, vous nivelez l'endroit de la cave sur lequel vous voulez les arranger, et le garnissez de sable fin. En formant le premier rang de bouteilles, vous laissez six ou sept lignes d'intervalle entre chacune. Elevez le goulot avec des lattes que vous mettez par-dessous ; mettez-en aussi sur le goulot et sur le ventre de ce premier rang. Arrangez en sens inverse celles du second rang, et continuez de cette manière jusqu'à la hauteur de trois pieds.

Altérations.— Les vins, bien que fermentés

convenablement, gouvernés soigneusement dans les tonneaux, ou mis en bouteilles, éprouvent avec le temps des altérations plus ou moins sensibles. Ces changemens sont surtout remarquables à trois époques de l'année, à celle où la sève commence à monter (en mars), lorsque la vigne fleurit, et enfin dans le temps de la vendange. Il est nécessaire à ces époques de les surveiller attentivement; ils éprouvent un mouvement intérieur qui, sans être précisément une fermentation, est cependant quelque chose d'analogue, et c'est surtout dans ces momens qu'ils sont sujets à tourner au gras, ou à l'aigre. Lorsqu'ils n'éprouvent pas ces altérations qui les détériorent, ils se troublent toujours, perdent un peu de leur couleur et de leur force. C'est à ce travail qu'on attribue le dépôt de tartre que les vins les plus clairs et les mieux soutirés forment dans les tonneaux et bouteilles qui contiennent le vin.

Les vins peuvent en outre devenir amers, et, s'ils sont mal bouchés, ou si le tonneau n'est pas constamment plein, prendre un goût de moisi ou de fût, et enfin s'éventer, c'est-à-dire perdre tout leur principe alcoholique. Ces altérations arrivent surtout lorsqu'on tire le vin à la pièce, sans le mettre en bouteilles; mais alors on peut les prévenir en versant dans le tonneau un ou deux verres d'huile; cette huile recouvre la surface du vin, et empêche non-seulement l'évaporation de l'alcohol, mais encore l'action de l'air sur le vin.

Falsifications. — Les vins qui se trouvent dans le commerce, et surtout ceux qui sont destinés au commerce en détail, sont très-sujets à être falsifiés. Les chimistes se sont beaucoup occupés des moyens de reconnaître ces fraudes dont plusieurs ne sont heureusement pas nuisibles sous le rapport de la santé, et jusqu'à présent les résultats de leurs recherches sont peu certains, excepté dans le cas où on aurait ajouté aux vins des préparations de plomb. Cette fraude criminelle se démontre authentiquement par l'action des sulfurés sur le vin, et par la réduction de l'oxide en plomb. Mais ces expériences se font ordinairement par les chimistes devant les magistrats; et l'autorité qui veille au commerce des vins est parvenue à empêcher les dangers de ce mélange, en prévenant les détaillans du danger que présente l'usage du plomb et de toutes ses préparations.

Les vins rouges sont falsifiés en y mêlant du cidre ou du poiré (le mélange d'un vin blanc avec du rouge n'est pas une fraude); on ajoute des bois d'Inde, de Campêche ou de Fernambouc pour donner de la couleur; souvent on ajoute un peu de betterave, de mélasse, ou de levure de bière, pour hâter la fermentation; on y ajoute en outre du tartre, ou de la lie de vin rouge. Lorsque ces mélanges sont habilement faits, qu'on n'a pas employé des doses trop considérables de ces substances, et que le mélange a bien fermenté, il est très-difficile de les reconnaître par des procédés chimiques; mais un dégustateur exercé, sans pouvoir préciser toujours les corps employés à la fabrication de ces vins, pourra prononcer qu'ils ne sont pas naturels. Les bois de Campêche et de Fernambouc surtout se reconnaissent par leur goût astringent: ces vins mêlés avec de l'eau ne désaltèrent pas.

Les vins blancs sont ordinairement falsifiés par leur mélange avec le poiré. Cette fraude, que l'on ne reconnaît pas toujours au goût, peut se découvrir en faisant évaporer le vin à une douce chaleur; s'il y a du poiré on aura une espèce de sirop de poires, tandis que si le vin est pur le résidu loin d'être sucré sera très-acide.

CONSERVATION

DES

SUBSTANCES ALIMENTAIRES.

SUBSTANCES ANIMALES.

Par la salaison.

On ne doit employer pour la salaison que le sel le plus pur et le plus pesant, les sels légers étant terreux. La dose est d'un sixième de sel sur le poids de la viande à saler. C'est avec beaucoup de force, et en frappant la viande, qu'on y insinue le sel; on doit en arracher le plus possible les vaisseaux sanguins qui la traversent. Les morceaux de viande étant salés, on les place dans un tonneau ou vase, où ils restent huit à dix jours. Pendant cet espace de temps, la viande se pénètre de sel, l'excédant se convertit en saumure; il faut avoir la précaution de s'assurer si le vase est bien rempli, et, s'il se trouvait vide, le remplir avec du sel.

Ce procédé de salaison est propre à toutes les viandes, seulement on sale un peu moins le lard.

Ce procédé s'applique également à toutes les espèces de poissons.

Par l'huile.

On conserve la viande en la plongeant dans l'huile contenue dans un vase bien vernissé. On conserve aussi de cette manière plusieurs poissons, la sardine, etc. Pour s'en servir, on la presse pour en exprimer l'huile ; on y ajoute du sel et quelques aromates qui concourent à la durée de sa conservation.

SALAISON DU BEURRE. — On doit employer à la salaison du beurre le sel le plus pur (il doit être lourd). La proportion est d'une livre sur dix livres de beurre. On en remplit des pots de grès, bien propres et bien secs, en l'y tassant le plus possible. On le laisse en cet état huit jours : le vide qui survient après cette époque est rempli avec une forte saumure que l'on fait à chaud, mais que l'on verse froide.

BEURRE FONDU. — On peut encore conserver le beurre en le faisant fondre dans un pot, à une douce chaleur, de 60 à 66 degrés du thermomètre de Réaumur, ou mieux encore au bain-marie : il faut enlever l'écume avec soin, et, lorsqu'il ne s'en forme plus, on le laisse déposer, et on le verse doucement dans un pot bien sec, où il se fige.

CONSERVATION PAR L'EXPOSITION A LA FUMÉE. — L'exposition à la fumée a non-seulement la propriété de dessécher les substances qu'on soumet à l'action de cet agent, mais encore de les conserver en les modifiant d'une manière particulière. La fumée des végétaux qu'on brûle pour faire cette opération contient de l'acide acétique (acide de vinaigre), et une huile empyreumatique, qui réagissent sur les substances animales en les pénétrant et se combinant avec elles. Les autres principes contenus dans la fumée sont superflus pour le succès de l'opération, et ne se combinent pas avec ses produits. Il y a trois procédés en usage pour exécuter cette opération : le plus simple est celui qui s'exécute dans nos ménages ; il consiste à suspendre dans la cheminée, à quelques pieds au-dessus de l'âtre, les pièces que l'on veut conserver. C'est ainsi que l'on fume les jambons que l'on prépare chez soi. Il faut avoir soin que les pièces soient assez éloignées du foyer pour que la chaleur ne puisse faire fondre la graisse qui se trouve dans les pièces que l'on expose à la fumée.

Le second procédé, qui est suivi par les charcutiers et ceux qui préparent le bœuf fumé pour la marine, consiste à disposer dans une chambre des perches horizontales auxquelles on attache les pièces à fumer, de manière à ce qu'elles soient suspendues sans se toucher entre elles. On fait arriver la fumée dans cette chambre par un tuyau de cheminée, ou par un tuyau de tôle, ou de fonte de fer. Lorsqu'elle est bien remplie de fumée, on interdit tout accès à l'air. On renouvelle le feu de six en six heures, on évente la chambre avant de renouveler le feu qui doit la remplir de fumée.

Le troisième procédé est employé par les boucaniers dans les îles, et par ceux qui préparent les poissons fumés sur les côtes. On construit une cabane en planches, ou avec des broussailles que l'on recouvre de gazon ; on y dispose par étages les perches destinées à suspendre les pièces de bœuf, ou les poissons que l'on veut faire sécher ; on allume du feu à l'entrée de la cabane, et, lorsqu'elle est bien remplie de fumée, on bouche exactement l'ouverture ; on recommence le feu toutes les six heures, jusqu'à ce que les pièces soient fumées jusqu'à leur centre.

On préfère le bois un peu vert et humide, parce que, brûlant plus lentement, il donne plus de fumée et une chaleur moins vive et plus égale. Le temps de cette opération n'est pas déterminé, il est relatif à l'épaisseur des pièces à fumer : il y a des pièces qu'on laisse beaucoup plus long-temps que d'autres. Il y a des jambons que l'on retire au bout d'un mois, il en est qu'on laisse six mois et un an, pour les amateurs qui les veulent surchargés.

ŒUFS. — Les œufs peuvent se conserver long-temps, pourvu qu'ils soient soustraits au contact de l'air.

Dans les campagnes, on met les œufs, par couches, dans un tonneau sur un lit de cendres ; on a soin qu'ils ne se touchent pas ; on les recouvre avec des cendres, on met encore des œufs, ensuite des cendres, et on continue ainsi jusqu'à ce que le baril soit plein.

Ils se conservent mieux lorsqu'on les enveloppe de papier et qu'on les recouvre avec de la menue paille d'avoine, ou avec du sable bien sec.

Tous ces moyens sont bons ; mais il en est un plus sûr encore, et qui est employé en grand, pour l'approvisionnement de Paris ; c'est l'immersion dans l'eau bouillante.

On fait bouillir de l'eau dans un chaudron ; on met une douzaine d'œufs dans une passoire qu'on plonge dans le chaudron ; on la laisse pendant environ une minute, et on la retire avec les œufs.

Par ce moyen, une légère couche du blanc de l'œuf est coagulée, et elle forme sur la surface intérieure de la coquille une espèce d'enduit qui s'oppose à l'évaporation de la substance de l'œuf, et par conséquent au contact de l'air qui affluerait à travers la coquille, pour remplir le vide formé par l'évaporation.

CONSERVATION DES SUBSTANCES ANIMALES FRAICHES. — Lorsque l'on veut, pendant l'été, conserver plusieurs jours des poissons ou de la viande, il faut avoir soin, pour le poisson, le gibier et la volaille, de les vider exactement, de laver le poisson avec de l'eau de puits nouvellement tirée, d'essuyer ensuite pour enlever autant que possible l'humidité. Il faut couvrir toutes ces substances de manière à les préserver de l'attaque des mouches; on les place ensuite dans un lieu frais. Une très-bonne méthode est de les placer dans un grand panier que l'on descend dans un puits, et que l'on maintient à un pied au-dessus de l'eau; on couvre le puits avec des paillassons ou un couvercle en bois.

Quand on redoute l'effet d'un orage imminent, ou lorsqu'on craint que les pièces ne soient un peu avancées, on les soumet à l'action du feu pour les cuire seulement à moitié.

On lave aussi très-souvent l'intérieur des volailles et du gibier, ainsi que le poisson, avec un peu de vinaigre dans lequel on a fait fondre un peu de sel.

CONSERVATION PAR LE MOYEN DU VINAIGRE. — Le vinaigre de vin doit être seul employé à la conservation des subs-

tances alimentaires. Les vinaigres de bière, de cidre, ne sont pas assez forts, et le vinaigre de bois ne contient pas l'alcool, qui est nécessaire au goût agréable de ces produits. On est dans l'usage d'ajouter au vinaigre du sel, des épices et quelques plantes aromatiques; mais ces substances ne s'ajoutent souvent qu'en dernier lieu.

CORNICHONS CONFITS AU VINAIGRE. — On épluche les cornichons en coupant la queue et en ôtant les portions de fleurs qui peuvent rester au bout. Lorsqu'on en prépare une petite quantité, on les brosse un à un avec une vergette demi-rude. Si l'on en prépare beaucoup à la fois, comme cette opération serait trop longue, on les met daus un sac de toile, et on les sasse en les secouant vivement pendant quelques minutes. Alors on les met dans des terrines, on les saupoudre de sel, et on secoue fortement pour que le sel se répande sur tous les fruits : on couvre ensuite la terrine avec un linge; on la secoue plusieurs fois pour que les fruits se pénètrent bien de sel; il se forme une saumure formée du sel et de l'eau que les cornichons ont transsudée. Le lendemain matin, on jette cette saumure, on laisse bien égoutter, et on saupoudre avec de nouveau sel, qu'on laisse encore vingt-quatre heures, en secouant la terrine plusieurs fois dans la journée. Ce sel fait encore rendre de nouvelle eau, et arriver la couleur verte des cornichons, en même temps qu'il leur donne de la fermeté. Lorsqu'il y a des fruits un peu volumineux, il faut, à la seconde fois que l'on met du sel, les fendre par la moitié ou par quartiers; les cornichons ayant ainsi perdu beaucoup de leur humidité, affaiblissent moins le vinaigre et se conservent mieux. Après avoir égoutté la seconde saumure, on verse sur les cornichons du bon vinaigre de vin, et on les laisse ainsi tremper dans le vinaigre pendant huit jours ; on a soin de mêler avec les plantes que l'on veut y adjoindre, comme perce-pierre, haricots verts, etc. Au bout de huit jours, on retire ce premier vinaigre et on lui substitue du vinaigre nouveau. Après une seconde semaine, on retire le second vinaigre, que l'on réserve, ainsi que le premier, pour les usages de la cuisine, et l'on ajoute les épices et les aromates, tels que poivre, estragon, menthe, laurier, etc ; on verse de nouveau vinaigre, et on les conserve dans des bocaux de verre.

On confit dans le vinaigre beaucoup d'autres substances, mais qui, n'étant pas aussi aqueuses que le cornichon, peuvent souvent se conserver dans le premier vinaigre que l'on verse dessus, après les avoir passées au sel une seule fois ; tels sont les graines et boutons de fleurs de capucine, le maïs quarantain avant qu'il ait atteint son développement, les haricots verts, etc.

LÉGUMES, FRUITS, RACINES. — PRÉPARATIONS DIVERSES AUXQUELLES ON PEUT LES SOUMETTRE. — MOYENS DE LES CONSERVER ET DE REMÉDIER A LEUR DÉTÉRIORATION.

— Racines légumières. — La conservation des racines légumineuses pendant l'hiver est très-importante. Beaucoup de ces racines sont des alimens précieux pour l'homme, et surtout pour les animaux, qui, à cette époque, ne peuvent pâturer. Elles sont d'autant plus précieuses que leur conservation n'exige pas beaucoup d'apprêts. L'une de ces racines, la betterave, est

la base de grandes exploitations agronomiques
et industrielles pour la fabrication du sucre de
betteraves, qui est nécessairement accompagnée
de l'engrais des bestiaux qui utilisent les débris
de la plante qui ne servent pas à la confection
du sucre. Beaucoup de racines légumineuses
restent en terre une partie de l'hiver, et on ne
les arrache qu'à mesure des besoins ; dans les
gelées, on couvre le terrain de paille pour les
préserver du froid. Il faut toujours les arracher
à la fin de l'hiver, pour les préserver de la
germination qui les épuiserait, et les rendrait
coriaces et ligneuses; par ce moyen on les
conserve quelquefois deux mois de plus en bon
état. On ne laisse en terre que celles dont on
veut obtenir de la graine. Lorsqu'on a retiré
les racines de la terre, on les nettoie, et on a
soin de rejeter celles qui sont attaquées de ma-
ladies, de moisissures; on coupe les fanes, et
souvent même le collet de la racine, et on les
range les unes sur les autres dans un endroit
sec lorsque ce sont de grosses racines, comme
la carotte, le panais et la betterave; lorsque ce
sont des racines moindres, comme les navets,
les turneps, le chou-navet, le radis noir, le
chou-rave, les panais, on les conserve dans un
cellier ou une serre, en tas; quelquefois on
pratique des fosses, et on les y dispose par lits
alternés avec du sable; on recouvre la fosse d'un
toit de paille, et on a soin de la préserver de
l'atteinte des gelées. Le salsifis, la scorsonère,
se laissent en terre jusqu'au mois de novembre
ou décembre; à cette époque, on les retire de
terre, et on les met dans une serre; souvent
on les lie en bottes que l'on place droites : on
ne coupe jamais leurs fanes.

Les racines bulbeuses, comme celles de l'o-
gnon, de l'ail, de l'échalotte, se récoltent à la

fin de l'été ou au commencement de l'automne;
la fanaison de leurs feuilles indique le moment
de les retirer de la terre.

Lorsque les ognons sont arrachés, on les
laisse pendant un jour ou deux sur le sol, si le
temps est sec; s'il est humide, on les porte au
grenier, et on les étend sur le plancher jusqu'à
ce que les fanes soient entièrement sèches. On
peut les laisser dans le grenier ou les mettre
dans une chambre aérée; mais il faut avoir soin
de les abriter des fortes gelées, en les couvrant
de paille, qu'on doit enlever aussitôt que la
gelée est passée; car la paille pourrait exciter
la pousse des ognons, ce qui détériore la qualité de la bulbe.

L'échalotte se conserve de même que l'o-
gnon; on les monde l'un et l'autre de leurs
fanes avant de les serrer.

Le bulbe de l'ail se retire de terre d'après les
mêmes indices que les bulbes précédentes; mais
on ne la prive pas de ses fanes, qui servent à
l'attacher en bottes composées de quinze à
vingt bulbes, et qu'on suspend dans le grenier,
soit à des clous fichés dans des solives, soit à
des perches. Ces bulbes, quoique exposées à
l'air, ne se dessèchent pas et conservent la vie
intérieure, dont les actes sont suspendus jusqu'au retour du printemps, où la sève mani-
feste son existence par la végétation qui s'élance
du centre de la bulbe.

Le poireau se conserve en enfouissant dans la
terre sa tige jusqu'à la division des feuilles; on
les dispose par rangs qu'on sépare chacun par un
peu de terre : pendant les gelées on couvre la
planche avec de la paille ou des feuilles tom-
bées.

LEGUMES ET HERBES LEGUMI-

NEUSES — On comprend sous ce nom les feuilles, les plantes herbacées, ou parties de plantes herbacées que l'on fait toujours cuire pour les manger : on y comprend également les jeunes pousses de l'asperge, du houblon et du fenouil, qui se mangent avant le développement de leurs feuilles. Les procédés pour la conservation de ces substances sont différens, selon la nature des substances sur lesquelles on opère.

ASPERGES. — On connaît plusieurs variétés de l'asperge cultivée, de Hollande, Strasbourg, Vendôme, Besançon, Marchiennes, Sarre — Louis, Gravelines, etc. ; dans l'Anjou, le Poitou, et quelques autres endroits, on trouve des asperges qui croissent naturellement dans les vignes ; mais elles ne sont pas aussi grosses que les asperges cultivées. On cueille l'asperge à différens points d'accroissement. On appelle simplement asperge celle qui est coupée lorsque sa pointe ne fait que commencer à sortir de terre, et n'a qu'un pouce ou tout au plus deux pouces de colorés ; on appelle asperge aux petits pois celle qui a poussé une tige d'environ six à huit pouces et qui est verte ; son goût est plus prononcé et elle est souvent un peu âcre. On la coupe ordinairement par petits morceaux.

Lorsque l'on a cueilli les asperges et qu'on ne peut les employer tout de suite, il faut, pour les conserver, les mettre dans du sable fin un peu humide et les en recouvrir : on peut les conserver jusqu'à huit jours de cette manière. Lorsqu'on ne tient à les conserver que deux ou trois jours, on les lie en bottes, et on a soin de les couvrir d'un linge mouillé, ou de les arroser de temps à autre, ou enfin on les place dans une terrine qui contienne un peu d'eau, pour que l'extrémité de la tige y trempe un peu.

Quand on veut en conserver pour l'hiver, on les fait d'abord blanchir à l'eau bouillante, on les laisse bien égoutter, puis on les dispose dans un bocal la pointe en bas, et on les soumet au procédé d'Appert (1).

CHOU ET CHOU-FLEUR. — Ce légume a un nombre infini de variétés et de sous-variétés ; on garde pour l'hiver les variétés du chou pommé, de chou de Milan et du chou-fleur. Après les avoir arrachées, on sépare les feuilles inutiles, et on les dispose dans une serre en plantant leurs racines dans du sable frais contenu dans des rigoles : il faut avoir soin que chaque chou soit isolé et ne touche pas les autres. Quelquefois on se contente de garder les choux sous des hangars et de les couvrir de paille pendant les gelées ; mais ce procédé, qui est moins dispendieux et exige moins de terrain, n'est pas aussi avantageux, parce qu'il y a beaucoup de choux qui se gâtent, surtout parmi ceux qui sont dessous les autres. On les conserve encore à la cave ou dans des celliers.

CHOUCROUTE. — On peut employer toutes les variétés du chou pommé pour préparer la choucroute. On les coupe en tranches minces, et on les dispose par couches dans une caisse ou dans un tonneau défoncé par un de ses bouts. Sur chaque couche de chou on parsème du sel et de la graine de carvi ou de genièvre, on

____

(1) Ce que nous venons de dire des asperges est applicable aux jeunes pousses du houblon et du fenouil doux, qui se mangent comme les asperges dans plusieurs pays.

toutes les deux ensemble. On peut, si l'on veut, remplacer ces graines, qui ne sont qu'un assaisonnement, par celles d'anis, de fenouil, de chervis, d'angélique, par du poivre, du gingembre, ou toute autre épice. On entasse ces couches en frappant sur le mélange avec un pilon de bois ou une buche écorcée. On doit, autant que possible, se procurer un tonneau qui ait contenu de l'eau-de-vie ou du vin. Si on se sert d'un tonneau neuf, il sera bon d'y passer un peu de vin ou d'eau-de-vie ; cette précaution, sans être indispensable, est utile à la conservation du produit. On remplit le tonneau en alternant ainsi les couches de sel et de choux, et on tasse fortement pour que le tout ne fasse qu'une masse compacte, et qu'il n'y ait pas d'air interposé. On met le tonneau dans un endroit dont la température soit de quinze à dix-huit degrés Réaumur, et on laisse fermenter. Lorsque la fermentation est terminée, on place le tonneau dans un cellier ; on a soin de comprimer la masse et de mettre un couvercle bien ajusté qui ne donne pas accès à l'air extérieur.

Le chou-fleur peut se conserver en le faisant sécher, ou en le soumettant à la méthode de M. Appert. Pour le faire sécher, après avoir épluché la pomme du chou-fleur, on la divise en trois ou quatre parties, dont on fend perpendiculairement la côte ; on les jette alors dans une eau légèrement salée, dont on les retire après quelques minutes pour les plonger dans l'eau bouillante. Cette immersion chaude ne doit pas durer plus de deux minutes ; on retire de l'eau chaude ; on laisse bien égoutter sur des claies que l'on expose au soleil ; on achève la dessiccation en mettant les claies dans un four chauffé à demi-chaleur. On serre le produit dans des sacs de papier, ou dans des boîtes de bois blanc, surtout si on les destine à voyager par mer.

BETTE (carde-poirée). — La carde-poirée est la côte blanche qui soutient la feuille de la bette ou poirée. Ce légume étant très-aqueux est non-seulement très-sensible à la gelée, mais encore à l'humidité qui le pourrit facilement ; on sépare la feuille de la côte, et on met les côtes dans un cellier ou une serre, sur de la paille, ayant soin de ne pas trop les entasser. Malgré ces soins on ne peut les conserver long-temps. On peut les disposer comme les asperges dans des bocaux, pour les conserver par le procédé d'Appert ; mais ce légume se conserve mal.

CARDONS. — Il y a deux espèces de cardons, celui d'Espagne qui est épineux, et celui de Tours qui est sans épine. Tous les deux sont également bons. Lorsque le cardon a atteint son degré d'accroissement, on l'entoure de paille de litière qu'on attache avec des liens. Cette opération a deux objets en vue : le premier est d'isoler la côte des feuilles de l'action de la lumière, ce qui les blanchit en les étiolant et leur ôte leur amertume ; le second but est de les préserver des petites gelées de l'automne. Lorsqu'ils sont préparés de cette manière, on les laisse encore un mois ou six semaines, quelquefois deux mois en place, selon la température de la saison. Pour les serrer il faut, autant que possible, profiter d'un jour sec ; on enlève alors le pied du cardon, en ayant soin de laisser un peu de terre après la racine, et on les place dans la serre, debout, les uns à côté des autres, avec leurs enveloppes, qu'on n'enlève qu'au moment de les employer (1).

HERBES CUITES. — Ce terme pourrait s'appliquer à tous les herbages soumis à la cuisson; mais il est spécialement consacré à désigner l'oseille cuite. Ordinairement on la cuit avec d'autres plantes, dont les unes sont destinées à corriger son âcreté et son acidité, comme la poirée, diverses espèces d'arroche ; et les autres à lui servir d'assaisonnement, comme le persil, le cerfeuil, la ciboule, etc. Chacun peut, selon son goût, varier et le mélange et les proportions de chaque plante. Après avoir épluché, lavé, et bien égoutté dans un panier les herbes, on les hache et on en remplit une chaudière. On se sert souvent pour faire cette préparation de chaudrons d'airain ou de cuivre; il serait plus prudent de n'employer que des chaudières étamées, ou des chaudières en fonte de fer. Lorsque l'on s'aperçoit que les herbes s'attachent un peu au fond de la chaudière, il faut remuer vivement; et si l'on s'aperçoit que le gratin augmente, il faut de suite retirer la chaudière du feu, verser les herbes dans une terrine, et bien nettoyer la chaudière avant de continuer l'opération. Placées sur le feu, en les foulant, on a soin de remuer avec une cuillère ou spatule de bois, afin que la composition ne s'attache pas au fond, ce qui donnerait au produit un goût de brûlé, âcre, et désagréable. On continue le feu jusqu'à ce que le mélange soit assez épais pour qu'en en mettant un peu refroidir sur une assiette, il ne laisse pas couler

(1) On pourrait appliquer ce procédé aux feuilles de l'artichaut, qui alors deviendraient bonnes à manger.

17*

de liquide lorsqu'on incline l'assiette, et qu'au contraire la masse reste compacte sans se diviser ; on ajoute alors le sel et les épices nécessaires ; on remue bien, et on verse dans des pots de grès bien secs. On a soin de ménager à peu près un pouce de libre, afin de pouvoir verser sur les herbes de la graisse ou du beurre fondu, qui, en se figeant, intercepte tout accès à l'air. On peut également employer à cet usage un peu d'huile d'olive ; elle est même préférable.

CHICORÉE. — La conservation de la chicorée exige un procédé différent de celui que nous avons décrit ci-dessus : le sel concourt autant que la cuisson au succès de l'opération. Après avoir épluché la chicorée, dont on rejette les feuilles vertes, on la plonge dans de l'eau bouillante et salée, on la retourne jusqu'à ce qu'elle soit diminuée de volume sans être cuite ; on la jette alors dans de l'eau froide ; on la retire ensuite, et on la laisse bien égoutter ; on la met dans des pots de grès, et on la foule bien. Au bout de vingt-quatre heures elle rend beaucoup d'eau salée ; on l'égoutte bien en la pressant, puis on verse dessus de la saumure bien claire ; on recouvre le tout d'huile ou de beurre fondu, comme les herbes cuites.

HERBES A SALADES. — Quoique plusieurs des plantes dont nous allons parler se préparent quelquefois par la cuisson, comme on les mange très-souvent à leur état de crudité, nous les avons réunies sous cette division.

Les salades ne se cueillent, surtout à la campagne, qu'au moment où on en a besoin, et elles sont alors meilleures et plus tendres ; mais comme dans les grandes villes on ne peut avoir

cet avantage , on est obligé de conserver plusieurs jours les plantes dont on doit la composer. Quelques-unes peuvent cependant se conserver fraîches tout l'hiver , comme les chico-
rées , le céleri, le pissenlit. Lorsque les feuilles
sont coupées et disposées pour faire la salade ,
on peut encore les conserver vingt-quatre à
trente-six heures , en ayant soin de les mettre
dans une soupière garnie de son couvercle, qui
empêche l'air de hâler les feuilles ; on peut ,
pour plus de sûreté , mettre le tout à la cave,
et l'entourer d'un linge mouillé.

LAITUE D'HIVER , MACHES , PISSEN-
LIT. — Ces trois espèces de salades se conservent l'hiver, en les abritant de la gelée et de la
neige par le moyen des paillassons. Le pissenlit
doit être blanchi, en le recouvrant de terre
quelques jours avant de le couper.

La chicorée frisée résiste assez bien aux petites gelées , mais ne résisterait pas à une gelée
de plusieurs degrés ; on l'arrache de terre avec
sa racine, et on la dispose dans une serre en
plantant la racine dans le sable.

On peut facilement disposer des appareils de
ce genre dans la cale d'un vaisseau, et s'y procurer de la salade.

La chicorée, dite barbe de capucin, s'obtient
en disposant à la cave, ou dans un cellier obs-
cur, des racines de chicorée sauvage que l'on
enfouit dans du sable , de manière à ce que le
collet de chaque racine corresponde à un trou
pratiqué dans la planche qui soutient le sable ;
les fanes qui sortent de se collet pendent en
dehors de ces trous. Cette salade se conserve
et pousse ainsi tout l'hiver; mais on ne doit
l'arracher qu'au moment de s'en servir ; sa

longue exposition à l'air et à la lumière la rendrait d'une amertume insupportable.

CÉLERI. — On enfouit le céleri dans du ter-
reau pour le blanchir, et on ne laisse passer
que l'extrémité des feuilles. Pour le préserver
pendant l'hiver on le couvre de paille.

CRESSON. — Lorsqu'on veut conserver
quelque temps le cresson, il faut avoir soin de
délier les bottes ; on met le pied de la tige dans
un vase plat contenant un peu d'eau. Il faut
que les feuilles ne soient pas serrées les unes
contre les autres, et qu'elles reçoivent beaucoup de lumière.

PLANTES QUI SE MÊLENT AVEC LES
SALADES, POUR EN REHAUSSER LA
SAVEUR, ET QU'ON NOMME FOUR-
NITURES. — Ces fournitures se composent
ordinairement de plusieurs plantes sous-aroma-
tiques, les pimprenelles, le cerfeuil, l'estragon ;
quelquefois même on y joint des espèces de
menthe, comme la menthe poivrée, le baume
des jardins, des ciboules, de la civette (1).
Lorsque l'on veut conserver pour l'hiver des
fournitures, on épluche et on lave toutes les
plantes qu'on veut y faire entrer ; après les
avoir bien égouttées, on les expose sur un linge
bien sec et on les couvre d'un linge percé ; on
les presse légèrement, de manière à absorber
un peu l'humidité, on les y laisse pendant une

____

(1) On décore souvent nos salades de fleurs de capucine,
de pieds-d'alouette, de bourrache, quelquefois même de
pétales de giroflée ; mais ces fleurs sont plutôt une parure
élégante qu'un assaisonnement.

heure, alors on les hache bien menu, et on les étend sur une feuille de papier blanc disposée sur une claie d'osier, on les recouvre d'une autre feuille de papier et on met la claie au soleil ; lorsque le tout est bien sec, on le serre dans des sacs de papier. Pour employer cette fourniture, on la place sur un tamis qu'on expose pendant quelques minutes à la vapeur de l'eau chaude, mais non en ébullition ; la vapeur pénètre les plantes et leur rend leur couleur et leur fraîcheur.

On peut faire sécher du persil de cette manière, pour en avoir toujours sous la main.

PLANTES D'ASSAISONNEMENT. — Ces plantes s'emploient pour aromatiser les alimens cuits, de toute espèce ; elles se conservent facilement et long-temps. Elles pourraient remplacer les épices. Ces plantes sont le serpolet, l'hysope, le thym, la sarriette, les basilics, la petite sauge, les citronnelles, plusieurs espèces de menthe, le laurier. Toutes ces plantes se font sécher à l'ombre, dans un endroit aéré, et on les conserve dans du papier ou dans des boîtes (1).

FRUITS LÉGUMINEUX. — Quoique l'artichaut ne soit pas précisément un fruit, nous le classons parmi les fruits légumineux, parce que, étant le réceptacle des graines de la plante, il se rapproche plus de cette division que des précédentes. Ce légume se mange

____

(1) Quelques personnes font usage du laurier-cerise ; mais on doit se méfier de cet assaisonnement, qui est vénéneux à forte dose, et dont l'usage, même modéré, peut altérer la santé.

quelquefois cru, sous le nom d'artichaut à la poivrade : on préfère pour cette destination le violet hâtif; cependant le gros camus et le gros vert de Laon peuvent se manger de la même manière. Pour manger cru, on choisit les têtes qui n'ont pas encore atteint tout leur développement, afin qu'elles soient plus tendres. On cueille les têtes d'artichaut lorsqu'ils ont atteint à peu près leur développement. Il ne faut pas attendre que la fleur soit épanouie, parce qu'alors le réceptacle, que l'on nomme aussi porte-feuilles, ou fond d'artichaut, serait dur et rempli de fibres ligneuses; on a soin de leur laisser une tige de huit à dix pouces. On peut les conserver frais, en les mettant dans une cave ou un cellier; souvent on met la tige dans un vase contenant de l'eau : ils se gardent souvent plus d'un mois en bon état.

On fait sécher pour l'hiver le porte-foin de l'artichaut : pour cela on fait cuire à moitié l'artichaut dans de l'eau, on le retire de l'eau, on le dégarnit de ses feuilles, on le fait égoutter à l'air, et on le laisse bien ressuyer; on achève la dessiccation en le mettant une ou deux fois dans un four chauffé doucement. On peut également les conserver par le procédé du bain calorique (1).

PIMENT, ou POIVRE-LONG, POIVRE DE GUINÉE, etc. Le piment est un fruit qui est vert avant sa maturité, et rouge lorsqu'il est mûr. Il y en a plusieurs espèces et variétés. Pour le conserver on le soumet à la

______

(1) La carline, ainsi que plusieurs chardons à grosses têtes, fournissent des porte-feuilles qu'on peut manger à la poivrade; on pourrait aussi les faire sécher comme celui de l'artichaut.

dessiccation en l'exposant à l'action de l'air. Pour cela on le suspend au plancher après en avoir formé une espèce de guirlande au moyen d'une ficelle mince qui traverse chaque fruit.

On confit le piment vert dans le vinaigre.

TOMATES. — La tomate est employée comme assaisonnement. Ce fruit par lui-même est fade, et serait d'un usage pernicieux si on le mangeait seul ; il est surtout recherché à cause de sa couleur. Il se conserve quelque temps en le mettant dans un cellier frais. Pour en avoir l'hiver, on le confit comme le cornichon par le moyen du vinaigre, qui est l'antidote de sa mauvaise qualité.

MÉLONGÈNE ou AUBERGINE. — Ce fruit a la forme d'un œuf. Il y en a de blancs et de violets. On le conserve dans le cellier ou à la cave, comme les concombres ; on les mange en salade ou cuits, comme les concombres ; on les confit aussi au vinaigre.

Ce fruit est, comme le précédent, de la famille des solanées, et il serait dangereux d'en faire abus dans les alimens. Le vinaigre corrige ses propriétés.

CITROUILLE. — La citrouille a trois espèces qui, chacune, produisent des variétés :

Le giraumon, fruit oblong, pesant de quinze à vingt-cinq livres ;

Le potiron, pesant de vingt à cent livres ;

Et le turban ou bonnet d'électeur, dont le poids varie de quatre à dix livres. Ces fruits sont très-aqueux ; cependant le dernier a la chair et l'écorce beaucoup plus fermes que les deux premiers ; ces fruits craignent l'humidité et la ge—

lée. On les recueille au mois d'octobre, et on les met dans un cellier frais mais sec, ou dans des chambres exposées au nord. Une température trop élevée leur fait dépasser leur point de maturité, et alors ils se corrompent promptement.

CHAMPIGNONS. — Les dangers qui sont le résultat de l'emploi des champignons devraient en faire rejeter l'usage. Le champignon, de quelque bonne qualité qu'il soit, est toujours indigeste, et un orage peut le gâter et le rendre vénéneux. On fait sécher pour l'hiver la morille et le mousseron, en les exposant au soleil sur des claies, ou en les présentant au four après en avoir retiré le pain. On doit toujours s'assurer de la qualité des champignons au moment même de les employer; ceux qui sont cultivés sur couche, et qui en général offrent moins de danger, peuvent, en moins de six heures, tourner au brun-noir et devenir dangereux.

MELON BRODÉ ET CANTALOU. — Ce fruit a donné beaucoup de variétés par la culture; on le cueille avant sa maturité lorsqu'on veut le conserver, surtout pour le faire voyager. Lorsqu'on veut le conserver, on le met dans un endroit frais, tel qu'une cave; souvent on en met dans un seau ou un panier que l'on descend dans un puits, mais ayant soin de les tenir à environ un pied au — dessus de l'eau. Ce fruit ne peut se conserver très-longtemps, et lorsqu'il est trop mûr il perd beaucoup de sa saveur, et ne tarde pas à se gâter.

PASTÈQUE ou MELON D'EAU, A

CHAIR BLANCHE ET A CHAIR ROUGE.

— Ce fruit mûrit rarement dans nos climats tempérés. Il faut pour cela le semer de bonne heure sur couche, et l'élever sous cloche, jusqu'à la moitié de mai. Son fruit se conserve avec les mêmes précautions que le melon; mais on peut le garder plus long-temps. Les confiseurs le passent au sucre par quartiers, en l'aromatisant avec du citron ou de l'orange.

CONCOMBRE — Il y a deux espèces de concombres qui, chacune, fournissent plusieurs variétés : le concombre jaune et le blanc. Le premier est surtout employé comme cornichon pour être confit au vinaigre; on appelle ainsi ce fruit lorsqu'il est vert, et qu'il n'a qu'un pouce ou au plus deux ou trois pouces de longueur. Le concombre, parvenu à maturité, se cueille et se dépose dans un cellier frais; on peut en confire des tranches dans le vinaigre, comme on le fait des cornichons, mais non le légume entier. On le peut soumettre au procédé du bain calorique. Pour cela on l'épluche de son écorce et de ses semences, on le coupe par morceaux qu'on roule dans du sel, on le laisse dégorger pendant vingt-quatre heures, et on l'introduit dans un bocal qu'on bouche bien et qu'on met dans le bain.

CONSERVATION DES LÉGUMES SUIVANT LES PROCÉDÉS D'APPERT. —

Les substances se renferment fraîches, dans des bouteilles ou bocaux de verre. Les bouteilles doivent être faites exprès pour cet usage, d'une bonne épaisseur, et porter un goulot d'un pouce et demi de diamètre, afin de donner la facilité d'y faire entrer les objets que l'on veut conserver, et de les en faire sortir.

Ce qui concourt avec le plus d'efficacité à la conservation, c'est le bouchage parfait. Il faut donc se procurer des bouchons du liége le plus fin et sans défaut. Il faut les employer très-secs et les battre pour les comprimer.

On place sur un billot de bois la bouteille que l'on emplit de légumes ou fruits; on les tasse à plusieurs reprises afin qu'il y ait le moins de vide possible. On prend ensuite le bouchon que l'on trempe dans l'eau pour qu'il glisse mieux, et on le fait entrer en le frappant sur le billot avec une forte palette de bois propre à boucher les bouteilles. Si le bouchon a été bien choisi, il doit entrer jusqu'au trois quarts; le quart en sus est nécessaire pour soutenir le fil de fer ou la ficelle avec lesquels on l'arrête solidement.

Le bouchage fait, on place les bouteilles dans un chaudron, ou tout autre vase.

Les bouteilles placées, on remplit le vase d'eau froide, et on le met sur le feu. Il est bon de le couvrir avec soin pour éviter l'évaporation. Si on ne peut couvrir, il faut remplir d'eau bouillante à mesure qu'elle tarit, afin qu'elle reste constamment à la même hauteur tout le temps de l'ébullition. On soutiendra le bouillon de ce bain-marie plus ou moins long-temps, ainsi qu'il va être indiqué à chaque espèce de comestible. Quand le bouillon a eu lieu pendant le temps nécessaire, on cesse le feu et on retire le chaudron; il faut laisser refroidir avant de retirer les bouteilles.

PETITS POIS. — Ils doivent être employés d'une moyenne grosseur. Une heure et demie au bain-marie dans le vase clos suffit.

FÈVES DE MARAIS. — Les jeter dans

la bouteille à mesure qu'on les épluchera. Une heure et demie de bouillon.

HARICOTS VERTS. — Comme ci-dessus.

ARTICHAUTS. — Prenez-les de moyenne grosseur et les faites blanchir, après les avoir dégarnis de toutes leurs feuilles inutiles. On les met dans des bocaux; heure de bouillon.

EPINARDS, CHICORÉE, OSEILLE, LAITUE, POIREE, CERFEUIL, CI-BOULES, etc. — Le tout préparé et cuit comme pour faire un plat, sans assaisonnement, se met en bouteilles et reçoit un quart d'heure de bouillon. Cette méthode est préférable à la conservation ordinaire.

TOMATES. — Il faut les cueillir bien mûres, laver, égoutter, et faire fondre sur le feu dans un vase de cuivre bien étamé, faire réduire d'un tiers, passer au tamis et faire réduire encore de moitié ; ensuite faire refroidir, mettre en bouteilles et donner un quart d'heure de bouillon.

TRUFFES. — Lavez, pelez, mettez en bouteilles, entières ou par morceaux, avec les pelures, et donnez une heure de bouillon. Elles peuvent se conserver deux ou trois ans.

ALTÉRATIONS ET FALSIFICATIONS

DES

SUBSTANCES SOLIDES ET LIQUIDES EMPLOYÉES

DANS L'ÉCONOMIE DOMESTIQUE.

Si nous n'avions été convaincus de quelle utilité il est pour tout le monde de connaître et de pouvoir découvrir les altérations et les sophistications que peuvent subir les substances employées pour les usages habituels de la table et de la maison, la difficulté de traiter conveneblement cette matière dans un ouvrage de la nature de celui-ci nous eût peut-être arrêtés. Forcés en effet de laisser de côté beaucoup de notions qui sont du ressort de la chimie, nous avons dû aussi nous voir contraints d'abandonner dans nos indications beaucoup de moyen très-simples pour un chimiste, mais impraticables dans un ménage. Aussi, évitant, autant que possible, d'étaler ici une érudition à la fois inutile et déplacée, nous n'avons indiqué, quand la nécessité nous y forçait, que les procédés chimiques les plus simples et les plus faciles à exécuter avec un peu d'attention et d'adresse. Trop souvent l'appât du gain ou la crainte de faire des pertes sur des objets qui se détériorent font qu'on trouve dans le commerce une foule de substances falsifiées ou altérées ; il importe donc surtout aux femmes de pouvoir juger par elles-mêmes de la bonne ou mauvaise qualité des denrées qu'elles achètent pour l'usage de leur maison. Il nous semble que sur ce point elles ne sauraient être trop éclairées.

Les substances alimentaires peuvent être altérées de deux manières ;

1° Naturellement, par la vétusté et la réaction que la sécheresse, l'humidité et les variations de température ont pu occasioner dans la substance même : quelquefois à ces causes d'altération se joint la détérioration occasionée par le défaut de soins, qui a pu laisser pénétrer dans la substance de la poussière, des matières étrangères, et enfin des insectes, qui altèrent plus ou moins l'aliment, et souvent le rendent tout-à-fait inutile, et quelquefois nuisible.

2° Artificiellement, par des substances que la fraude et la mauvaise foi y introduisent pour augmenter le poids ou le volume d'une substance chère par une substance à plus bas prix, ou par des mélanges destinés à corriger ou au moins à masquer l'altération naturelle d'une substance détériorée. C'est ce que l'on nomme *sophistication.*

Les altérations naturelles des substances se reconnaissent par la vue, l'odorat, et le goût ; ainsi on reconnaît facilement à la vue et à l'odeur les altérations de la farine, du pain, du poisson, de la viande, etc., qui sont moisis ou corrompus ; à la vue et au goût, celles du vin qui a tourné au gras, à l'aigre, etc.: du lait, du petit-lait qui est aigri, etc. ; à l'odeur seule, l'altération du beurre, des graisses, des huiles, qui ont pris l'odeur rance. L'usage et la pratique sont les meilleurs guides que l'on puisse suivre dans ces cas.

Les sophistications des substances ne sont pas aussi faciles à reconnaître. Il y en a de deux sortes : les unes ne sont pas nuisibles sous le rapport de la santé ; tel est le mélange d'un peu de pomme de terre dans le beurre, de fécule dans le chocolat, etc. ; d'autres, au contraire, sont pernicieuses à la santé, et quelques-unes tellement dangereuses, que leur introduction dans l'estomac occasione un véritable empoisonnement ; telles sont les sophistications par les préparations de plomb, et autres composés chimiques.

Ces altérations, dont l'existence n'est souvent révélée que par leurs effets désastreux, peuvent être facilement constatées par l'analyse chimique ; mais pour cela il faut employer des réactifs qui, pour la plupart, ne peuvent être mis à la disposition des personnes que d'après les formalités exigées par la loi sur les substances vénéneuses. Leur emploi demande beaucoup de sagacité et d'habitude pratique pour répondre du succès de l'analyse ; et les accidens auxquels leur présence dans un ménage pourrait donner lieu, surtout relativement aux enfans, doivent engager les personnes qui soupçonnent des altérations de ce genre à recourir à un chimiste qui pourra, par quelques essais, ou les rassurer, si les soupçons ne sont pas fondés, ou constater d'une manière certaine et positive la nature de la sophistication.

Les différentes substances employées pour les usages domestiques sont solides ou liquides ; nous nous occuperons d'abord des premières.

BEURRE. — Le beurre ne peut s'obtenir que du lait.

Propriétés naturelles. — Le bon beurre a une couleur jaune ou jaune blanchâtre, une odeur particulière, et une saveur douce et agréable. Il est plus léger que l'eau.

Altérations. — Le beurre, qui contient du petit-lait et du *caseum*, c'est-à-dire une des parties du lait qui forme le fromage, est susceptible de s'aigrir promptement, surtout en été; il devient alors rance, et on l'appelle *beurre fort*, ce qu'on reconnaît facilement à l'odeur et au goût. Lorsqu'il ne fait que commencer à s'aigrir, on peut, en le pétrissant et en le lavant dans de l'eau fraîche souvent renouvelée, lui enlever cette saveur désagréable.

Falsifications. — On falsifie le beurre : 1° avec des châtaignes ou des pommes de terre cuites dans l'eau, écrasées et mêlées ensuite avec lui. On peut d'abord s'assurer si le beurre qu'on soupçonne n'est pas plus pesant que l'eau; dans ce cas, il serait évident qu'il contient une substance étrangère. Mais pour reconnaître cette substance, que nous supposons être de la pomme de terre ou de la châtaigne, il faut faire fondre le beurre au bain-marie, à la température de soixante-six degrés cent. dans un tube de verre ou une petite fiole. Le beurre plus léger se trouve à la surface, tandis que le caséum qu'il contenait, ainsi que les pommes de terre ou les châtaignes, restent au fond. Alors on verse le beurre dans un vase, et on traite le dépôt qui reste au fond du tube ou de la fiole par un peu d'alcali volatil (ammoniaque); le caséum se trouve dissous et les pommes de terre ou les châtaignes restent en grumeaux. 2° On falsifie quelquefois le beurre en y mêlant du sable blanc ou jaune très-fin, ou de la craie ; dans ce cas, on fera fondre le beurre dans dix à douze fois son poids d'eau à une chaleur douce. Tout le beurre liquéfié viendra à la surface du liquide, tandis que les autres matières, qui sont insolubles, se déposeront au fond du vase. 3° On augmente aussi le poids du beurre en y faisant entrer de la graisse ou suif de veau. On pourra reconnaître cette falsification en mettant quelques morceaux de ce beurre dans une petite fiole de verre qu'on fera chauffer au bain-marie à une chaleur de trente-six degrés centigr. Comme le beurre devient liquide à cette température, et que le suif de veau exige de cinquante à cinquante-six degrés pour passer au même état, ce dernier restera solide tandis que tout le beurre aura été liquéfié. Ce moyen toutefois ne réussirait pas si le beurre et le suif de veau avaient été primitivement fondus ensemble. 4° Les beurres d'une qualité inférieure sont en général plus durs et moins fusibles que les beurres fins. On se sert assez souvent aussi du safran pour donner au beurre une belle teinte jaune.

CAFÉ. — *Altérations.* — Les cafés piqués des vers, ou moisis pour avoir été long-temps exposés à l'humidité, ou altérés par l'eau de mer, etc., sont souvent mélangés avec des cafés de bonne qualité. Le café avarié est ordinairement de couleur noirâtre ; quelquefois aussi, pour en augmenter le poids, on mêle au café des grains de sable et des petits cailloux. La couleur du café de bonne qualité doit être d'un vert jaunâtre ; sa consistance et sa texture ressemblent assez à celles de la corne.

Falsifications. — Le café que l'on vend en poudre est souvent mêlé avec la racine torréfiée et broyée de chicorée sauvage. Cette fraude, quoique tolérée, est presque généralement mise en usage, et souvent on est trompé par les marchands. Voici par quels moyens on peut la reconnaître. La poudre du café est composée de parties plus dures que celles qui composent la poudre de chicorée. On s'en aperçoit facilement en pressant entre les doigts les deux poudres séparément, ou le mélange de l'une avec l'autre. Dans ce dernier cas, on sent des parties plus molles, et d'autres parties plus résistantes. Si, après avoir mouillé les doigts avec de la salive, on prend une pincée de mélange de café et de chicorée, et qu'on le presse en remuant les doigts l'un sur l'autre pendant quelque temps, les poudres finissent par s'agglomérer et former une petite boulette ; le café en poudre, au contraire, lorsqu'il est sans mélange, ne peut se réunir en boulettes, et reste à l'état pulvérulent. De plus, la saveur du café est seulement amère ; celle du mélange de café et de chicorée est tout à la fois amère et légèrement acidule. Enfin une personne qui a l'odorat exercé pourra reconnaître et distinguer l'odeur de la poudre de chicorée mêlée à celle du café, pourvu qu'il y en ait une certaine quantité de la première.

CHOCOLAT. — Rien n'est plus difficile que de rencontrer un chocolat qui ne renferme aucune matière étrangère. Ceux même qui sont préparés avec le plus de soin ne sont pas entièrement exempts de ce défaut.

Altérations. — Le chocolat peut avoir été préparé avec des amandes de cacao mal mondées, ou gâtées, piquées des vers, etc. ; ou bien les germes des amandes n'ont pas été enlevés, ou bien enfin on a employé un sucre chargé d'impuretés, ou de la cassonade de mauvaise qualité. Dans tous ces cas, il se forme au fond du vase un dépôt noirâtre plus ou moins abondant. 2° Si par maladresse ou ignorance on a trop fortement torréfié le cacao, le chocolat préparé avec prend une couleur noirâtre; il contracte un goût amer; dissous dans l'eau ou le lait, il offre une odeur de brûlé désagréable. 3° Si on a employé du cacao amer, âcre, nouvellement récolté, ou avarié, le chocolat offre dans ce cas une saveur amère, âcre, marinée, ou de moisi.

Falsifications. — Le chocolat peut être falsifié par de la farine de froment, de pois, de lentilles, et surtout par ces deux dernières. Vous reconnaîtrez cette fraude en goûtant le chocolat qui laissera dans la bouche un goût pâteux. Ce chocolat, préparé à l'eau, donnera une odeur de colle de farine au premier bouillon : refroidi, il se convertira en une espèce de gelée. Ces indications suffisent pour annoncer la présence de la farine ; quelquefois, avant de préparer le chocolat, les fabricans enlèvent aux amandes l'huile qu'elles contiennent, et qu'on connaît sous le nom de beurre de cacao. Ils remplacent alors cette huile par une huile ordinaire ou des graisses animales. On reconnaît souvent cette fraude à l'odeur du chocolat, qui se rapproche un peu de celle du fromage.

FARINE.—*Falsifications.* — La farine peut être falsifiée, 1° par du plâtre ; 2° en y mêlant de la craie. Dans l'un et l'autre cas, on peut se servir du moyen suivant : Faites chauffer une pelle au feu, quand elle commencera à rougir, jetez dessus plusieurs pincées de la farine suspecte ; tout ce qui sera farine brûlera et restera en charbon, tandis que les sels calcaires qui n'auront pas été décomposés resteront blancs.

FROMAGES. — *Falsifications.* — Il arrive quelquefois que, pour augmenter le poids et le volume du fromage ordinaire, on le mêle avec de la farine de pommes de terre cuites et écrasées, de la farine de pois ou des fécules. Dans le cas où le fromage contiendrait une ou plusieurs de ces substances, le moyen le plus facile de découvrir la fraude serait d'en triturer une partie avec un peu d'eau et d'iode, qui donnerait au mélange une belle couleur bleue. Dans le cas où le fromage serait sans mélange, pur, la couleur que lui donnerait l'iode serait analogue à celle du tabac d'Espagne (1).

MIEL. Il existe dans le commerce plusieurs espèces de miel. Le plus estimé est le miel de Narbonne, et celui du Gâtinais qui est blanc, ferme, grenu, d'une odeur agréable, souvent aromatique et d'une saveur très-douce.

Altérations. — Le miel, tour à tour exposé à l'humidité et à la chaleur, peut entrer en fermentation ; alors il se liquéfie, perd l'odeur agréable qu'il avait, contracte un goût acide et alcoolique.

Falsifications. — Lorsque le miel est cher, ou lorsqu'il commence à éprouver un commencement de fermentation qui le rend liquide, les marchands y mèlent quelquefois de la farine dans la proportion d'une once par livre environ ; si le miel vient d'être récolté, ils ajoutent un peu d'eau et battent fortement le

(1) Cette expérience peut se faire chez le pharmacien.

mélange pour en faire une masse homogène. Outre la farine, on mêle encore au miel de l'amidon, des pommes de terre, des châtaignes, de la fécule, dans les mêmes proportions, ou même plus grandes encore. Dans le cas où le miel est ainsi falsifié, si on le chauffe, loin de se liquéfier il prend plus de consistance, et ne passe pas au travers du blanchet. Si on verse de l'eau froide sur ce miel, tout ce qui est miel se dissoudra, mais non la fécule.

POIVRE. — On distingue dans l'économie domestique deux espèces de poivre, le poivre blanc et le poivre noir. Le premier est plus estimé que l'autre.

Altérations. Le poivre conserve long-temps son odeur et sa saveur; mais il les perd plus ou moins par la vétusté, surtout s'il a été réduit en poudre. Le poivre blanc, qu'on a soumis à une trop longue macération dans l'eau pour lui enlever son écorce, est de beaucoup plus faible et moins piquant que le poivre noir proprement dit. Le poivre perd en général de sa saveur et de sa force quand il a été long-temps à l'humidité. Il convient donc de le conserver dans des boîtes bien fermées et placées dans un lieu sec. Un poivre qui nage sur l'eau, qui se brise entre les doigts, qui a une saveur faible, dont les grains sont maigres, poudreux, rongés des vers, ou moisis, est altéré, et on doit le rejeter.

Falsifications. — 1° On vend quelquefois un poivre artificiel dont les grains ressemblent à ceux du véritable poivre dépouillé de son écorce : il est composé d'une pâte faite avec de la farine de seigle, du piment de Provence et de la farine de moutarde. On reconnaîtra cette fraude en faisant macérer dans l'eau ce prétendu poivre, qui ne tardera pas à s'y réduire en une pâte molle qui formera une espèce de colle si on la fait chauffer;

2° On falsifie le poivre en poudre avec de la farine de lentilles et la racine pulvérisée d'un *achillea*, connu sous le nom *d'épice d'Auvergne*. On mêle quelquefois aussi au poivre de la farine de moutarde noire, pour lui donner les points noirs qu'offre la poudre du poivre naturel;

3° Une autre falsification plus importante, parce qu'elle peut être dangereuse, mais heureusement assez rare, consiste à faire passer du poivre noir pour du poivre blanc, en recouvrant le premier d'une légère couche de pâte faite avec de l'amidon, du blanc de céruse. On peut reconnaître cette fraude en enlevant la superficie d'un de ces grains de poivre, soit avec l'ongle, soit avec un couteau, ou mieux en frappant dessus avec un corps dur. On peut aussi les mettre dans l'eau, où la pâte se fond.

SEL. — *Falsifications.* — Le sel marin, dont l'emploi est indispensable pour l'assaisonnement des alimens et la conservation de beaucoup de viandes, peut être mélangé, surtout quand il est à l'état de sel blanc, avec du sel de Glaubert. Dans ce cas, si on expose ce sel à un air très-sec, on en voit une partie s'effleurir.

Remarques. — On doit toujours employer un sel vieux de préférence à un sel nouveau. Le sel récemment extrait des salines est amer et déliquescent, parce qu'il est rare qu'il ne contienne pas quelques sels étrangers qui sont déliquescens de leur nature. Le sel qui a vieilli en *camelle* (en monceaux) a une saveur vive et piquante, une consistance solide, et ne s'humecte qu'à l'air humide.

SUCRE. — Le sucre pur et de première qualité doit être dur, solide, sonore, blanc ; lorsqu'on le met dans de l'eau distillée, il donne une solution complète et claire.

Altérations. Le sucre tel que je viens de le décrire n'est presque pas susceptible de s'altérer. Il n'attire pas l'humidité de l'air, s'effleurit même à la longue à l'air sec, et se conserve très-long-temps.

Falsifications. — Le sucre peut être falsifié par du sucre de lait. On reconnaît cette fraude en traitant le sucre par de l'alcohol à trente ou trente-six degrés, qui ne dissoudra que le sucre, et laissera intact le sucre de lait, que son insipidité fera aisément reconnaître. Le plâtre, le sable, la craie, mêlés au sucre, se reconnaîtront facilement en faisant fondre celui-ci dans l'eau froide. Ces matières insolubles se déposeront au fond du vase.

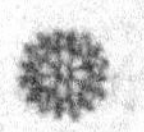

NOTIONS

SUR QUELQUES ACCIDENS

PRODUITS PAR DES ALIMENS DANGEREUX,

PAR LE VERT-DE-GRIS

OU PAR LA VAPEUR DU CHARBON.

La première chose qu'on ait à craindre dans l'usage des alimens, c'est que leur nature ou leur trop grande quantité ne produisent l'état maladif connu sous le nom d'INDIGESTION. Si l'indigestion est faible, le repos et quelques boissons stimulantes, telles que le café, l'infusion de thé, suffisent pour dissiper le malaise; mais s'il y a complication de violens maux de tête, de vomissemens, si le malade éprouve un refroidissement général, il faut qu'il soit couché dans un lit bien chaud; on s'occupe d'abord de débarrasser l'estomac des substances qui le fatiguent, soit par des boissons excitantes, soit par des vomitifs; puis on fait succéder des boissons douces et délayantes, comme l'infusion de violette, l'eau de gomme ou de riz; on applique sur le ventre et l'estomac des linges chauds.

Certains alimens peuvent produire des altérations dans l'économie en agissant comme les poisons; ce sont par exemple :

Les CHAMPIGNONS, dont la nature dangereuse est très-difficile à reconnaître au premier coup d'œil. Voici ce qu'on a remarqué de plus constant à cet égard. En général, il faut rejeter les champignons dont l'odeur et le goût sont désagréables ; ceux dont la chair est mollasse et aqueuse ; ceux qui croissent dans les lieux ombragés et trop humides, qui se gâtent avec facilité ; ceux dont le goût est amer, astringent ou trop poivré ; ceux qui changent de couleur quand on les entame. Une teinte rouge, brillante, est assez souvent l'indice d'une nature délétère. On a remarqué que le vinaigre s'emparait du principe vénéneux des substances en putréfaction ; ainsi, après avoir coupé les champignons qu'on pourrait suspecter, il est utile de les laisser quelque temps dans l'eau vinaigrée.

Les MOULES, les HUÎTRES et presque tous les coquillages contiennent une viscosité qui en rend la digestion pénible, surtout si on les mange à l'époque de la chaleur, ou, comme on le dit proverbialement, dans les mois dont le nom s'écrit sans *r*. Les moules quelquefois contiennent de petits crabes que les naturalistes ont regardés comme pouvant donner au coquillage une action vénéneuse.

D'autres alimens peuvent sinon produire l'empoisonnement, du moins amener des désordre graves dans l'organisation et les *fonctions digestives*; tels sont le sang, les viandes gâtées et les mets fortement épicés. Ce qu'on a à faire dans ces cas, est absolument semblable au traitement que réclament les indigestions. (*Voy.* ci-dessus.)

La préparation des alimens doit être aussi surveillée relativement aux ustensiles que l'on emploie. Les casseroles vernissées ont besoin

d'avoir éprouvé l'action du feu avant d'y faire
rien cuire, autrement les alimens pourraient
donner des coliques, connues sous le nom de
coliques de plomb. Les casseroles de cuivre mal
étamées ont très-souvent donné lieu à des em-
poisonnemens, parce qu'on y avait laissé refroidir quelque mets ; la raison est qu'il s'y forme
du vert-de-gris. (Oxide de cuivre.)

Les symptômes qui caractérisent l'empoisonnement en général sont : le vomissement, l'op-
pression, la tension de l'estomac et du bas-
ventre, l'anxiété, les tranchées, la soif violente,
les convulsions, la dyssenterie, le tremblement,
l'évanouissement et la mort.

La première indication qui se présente, c'est
de faire sortir de l'estomac le poison qui y cause
ces ravages ; on administre des vomitifs, et si
les alimens étaient déjà descendus très-bas, on
donnerait des lavemens purgatifs. S'il y a abatte-
ment complet, il faut de suite donner du vin ;
on peut aussi relever les forces et le moral du
malade par des potions aromatiques, dans lesquelles on fait entrer une petite quantité d'é-
ther. Ensuite, pour calmer les douleurs et l'in-
flammation des intestins, et pour entraîner le
reste des alimens, on peut donner au malade
une potion huileuse et des infusions délayantes
de violette, de bouillon blanc, ou simplement du
lait. Enfin, il convient de prescrire un régime
très-doux et l'usage de l'eau de riz.

Asphyxie par la vapeur du charbon. Il
arrive souvent que, dans les cuisines fermées,
le gaz acide carbonique se dégage du foyer et
peut produire l'asphyxie. La face du malade devient rouge, puis violette ; la circulation du
sang semble suspendue, et un froid glacial s'empare des extrémités. La première chose à faire,
c'est de placer le malade dans un lieu bien aéré ;

on réchauffe les extrémités par l'application de cataplasmes et de sinapismes, et on tâche de faire pénétrer dans l'estomac quelques boissons stimulantes, pour que la circulation se rétablisse et qu'une saignée devienne praticable.

Nous n'avons pu placer ici tout ce qu'il y aurait à dire sur les altérations qu'entraînent les alimens de mauvaise nature ni sur les moyens de combattre ces accidens ; mais nous avons indiqué ce qu'on a de plus pressé à faire dans les cas les plus ordinaires, en attendant qu'on ait fait appeler un médecin.

TABLE

DES MATIÈRES.

ALTÉRATIONS ET FALSIFICATIONS

*Des substances solides et liquides employées
dans l'économie domestique.*　212

NOTIONS

FIN DE LA TABLE DES MATIÈRES.

PARIS. — IMPRIMERIE DE DEZAUCHE,
Faubourg Montmartre, n° 11.

www.ingramcontent.com/pod-product-compliance
Lightning Source LLC
LaVergne TN
LVHW052013060726
842528LV00002B/490